SIEGERSYSTEM

GEWINNEN IST BAUCHSACHE

... oder wie man durch ein neues Denken
zum Gewinner wird!

Band II: Anwendung und Umsetzung

von
Thomas A. M. Windelschmidt

SIEGERSYSTEM

GEWINNEN IST BAUCHSACHE

... oder wie man durch ein neues Denken
zum Gewinner wird!

Band I: Anwendung und Umsetzung

von
Thomas A. M. Windelschmidt

Impressum

Umwelthinweis

Dieses Buch und der Schutzumschlag wurden auf chlorfrei gebleichtem Papier gedruckt. Die Einschrumpffolie zum Schutz vor Verschmutzung ist aus umweltfreundlichem und recyclingfähigem PE-Material.

Bibliografische Information der Deutschen Nationalbibliothek

Die Deutsche Nationalbibliothek verzeichnet diese Publikation in der Deutschen Nationalbibliografie; detaillierte bibliografische Daten sind im Internet über www.dnb.de abrufbar.

Autor:

Thomas A. M. Windelschmidt

www.siegersystem.de / www.omniavision.de

Verlag

Deutscher Verlag für Bildung, Wissenschaft und Forschung, Eppingen

Umschlagfoto: © Pixabay

Erstauflage 2019

Printed in Germany

ISBN Hardcover	978-3-96565-028-2
ISBN Paperback	978-3-96565-029-9
ISBN Epub	978-3-96565-030-5
ISBN Mobi	978-3-96565-031-2

Für alle Menschen,
die gerne zu den Gewinnern gehören ...

Inhaltsverzeichnis

1. Danksagung

Inzwischen habe ich so viele Danksagungen geschrieben, dass es mir vorkommt, als wenn ich immer das gleiche schreiben würde. Wahrscheinlich lässt sich dies kaum vermeiden, wenn man bei den eigenen Büchern etwas Ähnliches denkt und fühlt.

Darum danke ich auch an dieser Stelle als erstes demjenigen, dem ich alles zu verdanken habe, wobei "der" bzw. "demjenigen" nicht wörtlich zu verstehen ist, da es sich mitnichten um eine Person, geschweige denn um einen Mann handelt. Ich danke, wie übrigens jeden Tag mehrfach, Gott, unserem Schöpfer, dem Universum, dem Einen oder wie auch immer man das Unfassbare bezeichnen mag. Ich weiß, dass gerade mein Gottvertrauen die Basis für mein glückliches und erfülltes Leben ist.

Als zweites danke ich zum wiederholten Male meiner ganzen Familie und meinen Freunden, die manches weitere Gegenlesen ertragen mussten und für Gespräche und Diskussionen zur Verfügung standen. Toll, dass ich solch eine Familie und so super Freunde haben darf, die mich unterstützen und motivieren. Vielen Dank.

Dazu danke ich meinem Verlag, dem Deutschen Verlag für Bildung, Wissenschaft und Forschung, der es mir ermöglicht hat, meine Bücher in der Form zu publizieren, wie ich es mir vorgestellt habe. Ich kann nur jedem, der ein wissenschaftliches Buch schreiben und veröffentlichen möchte, ans Herz legen, sich an den www.DVBWF.de zu wenden.

2. Vorwort des Autors

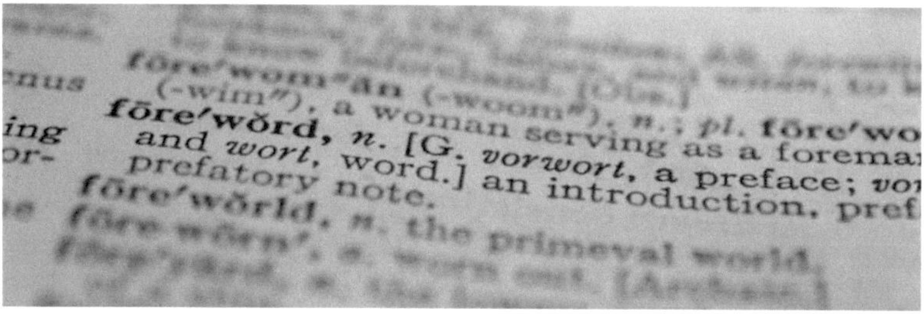

Liebe Leserin, lieber Leser,

die doppelte Anrede nutze ich nur ein einziges Mal, nämlich bei meinem Vorwort. In der Folge nutze ich nur das allgemeine „lieber Leser" oder „man" oder ähnliches, ohne damit die „lieben Leserinnen" benachteiligen zu wollen. Ich halte es nur nicht für übermäßig wichtig, an dieser Stelle die „political correctness" in den Vordergrund zu rücken. Ich spreche alle Menschen an, egal ob Mann, Frau, Hermaphrodit, groß, klein, dick, dünn. Mir ist die politische Gesinnung genauso gleichgültig, wie die Religionszugehörigkeit. Für mich sind, und das meine ich absolut ernst, grundsätzlich alle Mensch gleich, liebenswert und „richtig".

Nachdem ich diesen wichtigen Hinweis in fast jedem meiner Bücher eingangs aufführe, hoffe ich, dass Sie mir, lieber Leser bzw. liebe Leserin, dies glauben. Es ist mir absolut ernst damit, dass ich keinen Menschen wegen seines Geschlechts, seiner Rasse, seiner Hautfarbe, seiner Religion, seiner politischen Überzeugungen oder was auch immer bevorzuge oder bewerte.

Die Idee für das nachfolgende Buch "Siegersystem: Gewinnen ist Bauchsache" ist entstanden, als ich mein Buch "Reframingcoaching: Unterbewusstes bewusst auflösen", sowie die Trilogie "Omniatherapie: Gesundheit & Glück durch Verstehen & Versöhnung" fertiggestellt hatte. Denn fast alles, was für die aufgeführten Bücher relevant war, ist auch für das "Siegersystem" von Bedeutung.

Da ich nicht davon ausgehen kann, dass Sie meine oben aufgeführten Bücher gelesen haben, werde ich Teile davon zitieren und übernehmen, aber passend zum Siegersystem-Konzept ergänzen. Sollten Sie meine o.a. Bücher kennen, können Sie ggfs. Teile eines Kapitels überspringen. Wer die Trilogie "Omniatherapie: Gesundheit & Glück durch Verstehen & Versöhnung gelesen hat, dem werden ggfs. große Teile bekannt vorkommen. Das macht nichts, durch eine mehrfache Wiederholung vertieft sich das Verständnis.

Einige Begriffe erläutere ich, indem ich Texte aus wissenschaftlichen Büchern oder aus Wikipedia zitiere. In diesen Fällen sind die entsprechenden Passagen eingerückt, kursiv markiert und mit einer Fußnote gekennzeichnet.

Ich spreche übrigens immer von Bewusstsein und Unterbewusstem und nicht von Bewusstsein und Unterbewusstsein, wie dies viele andere Autoren machen. Hintergrund ist, dass das Unterbewusste nach meinem Verständnis kein "sein" hat, sondern in Abgrenzung zum Bewusstsein (Ego) als etwas "Abstraktes" bzw. "Unpersönliches" anzusehen ist.

Ich wünsche Ihnen viel Spaß beim informativen Lesen und freue mich auf Ihre Anregungen und Fragen.

Herzlichst Ihr
Thomas A. M. Windelschmidt

3. Zum Inhalt

3.1. Was finden Sie in diesem Buch?

In Band I habe ich die wissenschaftlichen Hintergründe zum Siegersystem-Konzept dargelegt. An einigen Stellen war der Inhalt eventuell nicht für jeden "leicht verdaulich". Ich hielt es trotzdem für richtig, diese Punkte in Band 1 aufzuführen, damit man die Anwendung und Umsetzung besser verstehen bzw. nachvollziehen kann.

In Band II finden Sie nun konkrete Anwendungshinweise inklusive einigen Tipps zu technischen Hilfsmitteln. Wer meine Trilogie "Omniatherapie: Gesundheit & Glück durch Verstehen & Versöhnung" gelesen hat, kann ggfs. Band I auslassen und direkt Band II zum Siegersystem-Konzept lesen, weil die

Inhalte z.g.T. identisch sind bzw. zumindest Überschneidungen bestehen.

Da ich jedoch davon ausgehe, dass die Zielgruppe für das Konzept der Omniatherapie eine andere sein wird, als für das Siegersystem-Konzept und ich nicht voraussetzen kann, dass Sie die Trilogie zur Omniatherapie kaufen, damit Sie das Siegersystem-Konzept nachvollziehen können, bleibt mir nichts Anderes übrig, als Inhalte für beide Zielgruppen parallel und separat aufzubereiten.

Fangen wir nun an, konkret zu werden und beginnen wir mit den technischen Hilfsmitteln, damit Sie bei den einzelnen Bausteinen zum Siegersystem-Konzept immer sofort eine Vorstellung haben, auf welche Weise Sie die Empfehlungen ggfs. mit technischer Unterstützung umsetzen können.

4. Technische Hilfsmittel

Die Herleitung und die Erläuterung des Siegersystem-Konzepts wären nicht vollständig, wenn ich nicht die zielführenden technischen Hilfsmittel, die den Prozess unterstützen, erläutern würde. Diese technischen Hilfsmittel haben mir die Hilfestellungen sehr erleichtert und bisher ausschließlich positive Ergebnisse gebracht.

4.1. Theta-Zustand

Wissen Sie, was ein EEG ist, eine Elektroenzephalografie?

> Die Elektroenzephalografie (EEG, von altgriechisch ἐγκέφαλος enképhalos, deutsch ‚Gehirn', γράφειν

gráphein, deutsch ‚schreiben') ist eine Methode der medizinischen Diagnostik und der neurologischen Forschung zur Messung der summierten elektrischen Aktivität des Gehirns durch Aufzeichnung der Spannungsschwankungen an der Kopfoberfläche. Das Elektroenzephalogramm (ebenfalls EEG abgekürzt) ist die grafische Darstellung dieser Schwankungen. Das EEG ist neben der Elektroneurografie (ENG) und der Elektromyografie (EMG) eine standardmäßige Untersuchungsmethode in der Neurologie.

Ursache dieser Potentialschwankungen sind physiologische Vorgänge einzelner Gehirnzellen, die durch ihre elektrischen Zustandsänderungen zur Informationsverarbeitung des Gehirns beitragen. Entsprechend ihrer spezifischen räumlichen Anordnung addieren sich die von einzelnen Neuronen erzeugten Potentiale auf, so dass sich über den gesamten Kopf verteilte Potentialänderungen messen lassen.

Zur klinischen Bewertung wird eine Aufzeichnung in mindestens zwölf Kanälen von verschiedenen Elektrodenkombinationen benötigt.

Die Ortsauflösung des üblichen EEGs liegt bei mehreren Zentimetern. Wenn eine höhere Ortsauflösung benötigt wird, so müssen die Elektroden nach neurochirurgischer Eröffnung des Schädels direkt auf die zu untersuchende Hirnrinde aufgelegt werden. Das ist jedoch nur in Sonderfällen z.B. vor epilepsiechirurgischen Eingriffen erforderlich. In diesem Falle spricht man von einem Elektrocorticogramm (ECoG; in deutscher Schreibung Elektrokortikogramm). Das ECoG ermöglicht eine räumliche Auflösung von unter 1 cm und bietet zusätzlich die Möglichkeit, durch selektive elektrische Reizung einer der Elektroden die Funktion der darunterliegenden Hirnrinde zu testen. Dies kann für den Neurochirurgen z.B. bei Eingriffen in der Nähe der Sprachregion von größter Wichtigkeit sein, um zu entscheiden, welche Teile er entfernen darf, ohne eine Funktionseinbuße fürchten zu müssen (vgl. Wachkraniotomie). Eine noch detailliertere Erfassung von Einzelzellaktivität ist nur im Tierexperiment möglich.

Die resultierenden Daten können von geübten Spezialisten auf auffällige Muster untersucht werden. Es gibt aber auch umfangreiche Software-Pakete zur automatischen Signalanalyse. Eine weitverbreitete Methode zur Analyse des EEGs ist die Fouriertransformation der Daten vom Zeitbereich (also der gewohnten Darstellung von Spannungsänderungen im Verlauf der Zeit) in den sogenannten Frequenzbereich. Die so gewonnene Darstellung erlaubt die schnelle Bestimmung von rhythmischer Aktivität.

Da die auf der Kopfhaut zu messenden Signale in der Größenordnung von 5 bis 100 µV (1 Mikrovolt = 1 Millionstel Volt) liegen, wird ein empfindlicher Messverstärker benötigt. Zur Unterdrückung des allgegenwärtigen Netzbrummens und anderer Störungen wird ein Differenzverstärker mit hoher Gleichtaktunterdrückung benutzt. Aus Gründen der Patientensicherheit ist dieser bei als Medizingerät zugelassenen Elektroenzephalographen als Isolationsverstärker implementiert, wodurch gleichzeitig aber auch die Gleichtaktunterdrückung erhöht wird.

Die vor dem Einsatz von Computern benutzten Geräte leiteten den Ausgang der Differenzverstärker auf einen Messschreiber, das Elektroenzephalogramm wurde auf Endlospapier geschrieben. Die Papiermenge entsprach etwa 120 Blättern für eine Standarduntersuchung von 20 Minuten.

Elektrische Spannungen werden immer zwischen zwei Punkten gemessen. Die Elektroden für das EEG werden in einem bestimmten System angebracht, die man als Ableitungen bezeichnet. Üblich ist das 10-20-System, es werden jedoch auch alternative Montagen wie das 10-10-System oder invasive Ableitungen angewendet.

Beim papierlosen oder Computer-EEG wird das Signal digitalisiert und auf Festplatte oder optischen Medien festgehalten und das EEG vom Neurologen oder Psychiater meist am Bildschirm ausgewertet.[1]

Diese technische Erläuterung zur Elektroenzephalografie ist wichtig, um zu verstehen, was der Sinn der von mir einge-

1 https://de.wikipedia.org/wiki/Elektroenzephalografie

setzten Hilfsmittel ist. Ergänzend ist es zielführend, zu wissen, welche verschiedenen Zustände gemessen werden können:

> Die makroskopisch sichtbare elektrische Hirnaktivität kann Motive aufweisen, die rhythmischer Aktivität gleichen. Grundsätzlich gleicht das EEG jedoch dem 1/f-Rauschen und enthält keine lang andauernden Oszillationen.
>
> Verschiedene Wachheitsgrade werden von Änderungen des Frequenzspektrums der EEG-Signale begleitet, so dass sich durch eine Analyse der gemessenen Spannungskurven vage Aussagen über den Bewusstseinszustand treffen lassen.
>
> Häufig wird das EEG in Frequenzbänder (sogenannte EEG-Bänder) eingeteilt, wobei die Anzahl von Bändern wie auch die genaue Einteilung von verschiedenen Autoren verschieden angegeben werden. Die Einteilung der Frequenzbänder und deren Grenzen sind historisch bedingt und decken sich nicht durchgehend mit Grenzen, die auf Grund modernerer Untersuchungen als sinnvoll gelten. So wurde beispielsweise das Theta-Band in einen Bereich Theta 1 und Theta 2 aufgeteilt, um den unterschiedlichen Bedeutungen der Teilbereiche Rechnung zu tragen. Im Neurofeedback wird der Bereich 12 bis 15 Hz auch als SMR-Band (Sensorimotor Rhythm) bezeichnet.

Die EEG-Auswertung erfolgt traditionell durch Mustererkennung des geschulten Auswerters. Insbesondere für Langzeit- und Schlaf-EEGs werden auch Software-Algorithmen zur assistierten oder automatischen Auswertung eingesetzt, die diese Mustererkennung nachbilden sollen. Dies gelingt einfacher für die hauptsächlich im Frequenzbereich definierten EEG-Bänder, etwas schwieriger für sonstige Graphoelemente, typische Muster im EEG.

So deutet z.B. ein sehr asynchrones Muster aller Frequenzbänder auf starke emotionale Belastung oder Verlust der willentlichen Kontrolle hin, während vermehrt langsame Wellen bei gleichzeitig wenigen schnellen Wellen auf einen Schlaf- oder einen Dösezustand hinweisen.

Signal / Welle	Beschreibung
Alpha-Wellen	Als Alpha-Welle wird ein Signal im Frequenzbereich zwischen 8 und 13 Hz bezeichnet. Ein verstärkter Anteil von Alpha-Wellen wird mit leichter Entspannung bzw. entspannter Wachheit, bei geschlossenen Augen, assoziiert. Alpha-Wellen werden als emergente Eigenschaft betrachtet. Alpha-Wellen treten hauptsächlich bei geschlossenen Augen auf und werden mit dem Öffnen der Augen durch Beta-Wellen ersetzt

(Berger-Effekt). Den gleichen Effekt erreicht man bei geschlossenen Augen, wenn man z.B. eine einfache Rechenaufgabe im Kopf zu lösen beginnt.

Beta-Wellen Als Beta-Welle wird ein Signal im Frequenzbereich zwischen >13 und 30 Hz bezeichnet. Das Auftreten von Beta-Wellen hat verschiedene Ursachen und Bedeutungen, z.B. kommen Beta-Wellen bei etwa 8 % aller Menschen als normale EEG-Variante vor. Beta-Wellen entstehen aber auch als Folge der Einwirkung bestimmter Psychopharmaka oder des REM-Schlafs. Physiologisch treten β-Oszillationen außerdem z.B. beim konstanten Anspannen eines Muskels oder bei aktiver Konzentration auf.

Gamma-Wellen Als Gamma-Welle wird ein Signal im Frequenzbereich über 30 Hz bezeichnet. Sie tritt zum Beispiel bei starker Konzentration, Lernprozessen oder dem Meditieren auf. Bei Mönchen mit langjähriger Meditationspraxis werden über 30-fach erhöhte Amplituden gemessen. Neuere Forschungen zeigten das Auftreten des Gamma-Bandes bei der sogenannten Top-Down-Regulierung und der Synchronisation von verschiedenen

Hirnarealen zur Integration verschiedener Qualitäten eines Stimulus. Sie sind auf einem EEG-Streifen mit bloßem Auge nicht zu sehen.

Delta-Wellen Delta-Wellen weisen eine niedrige Frequenz von 0,1 bis <4 Hz auf. Sie sind typisch für die meist traumlose Tiefschlafphase (N3, slow wave sleep SWS). Bei Säuglingen sind sie auch im Wach-EEG physiologisch, bei älteren Kindern können sie in den normalen occipitalen Grundrhythmus eingelagert sein (delta de jeunesse, posterior slow waves of the youth). Unter pathologischen Bedingungen treten sie auch im Wachzustand fokal (umschrieben) oder generalisiert (diffus) auf und zeigen dann eine Hirnfunktionsstörung oder Hirnläsion an. Beispiele sind Delta-(Theta-)Herde bei umschriebenen tiefliegenden Hirnläsionen (z. B. Hirnblutung, Hirninfarkt, Hirntumor), die frontale, intermittierende Delta-Aktivität (FIRDA) im Rahmen von Hirnfunktionsstörungen und die temporale, intermittierende Delta-Aktivität bei Temporallappenepilepsien (Schläfenlappen-Epilepsien).

Theta-Wellen	Als Theta-Welle wird ein Signal im Frequenzbereich zwischen 4 und <8 Hz bezeichnet. Sie treten vermehrt bei Schläfrigkeit und in den leichten Schlafphasen N1 und N2 auf. Im Wachzustand sind sie bei Kleinkindern physiologisch, bei Erwachsenen können sie auf eine Hirnfunktionsstörung oder eine Hirnläsion hinweisen (s. Delta-Wellen).[2]

Gehirnwellen lassen sich nicht nur messen, sondern auch beeinflussen. Bekannt geworden ist dies z.B. durch Neurofeedback mittels Mindmachines.

Wenn z.B. in Angst- und Stresssituationen die Frequenz im hohen Beta-Bereich (21 Hz - 38 Hz) liegt, dann ist es sehr hilfreich, äußere Hilfsmittel anzuwenden, die helfen, den Frequenzbereich in einen niedrigen Beta-Zustand (13 Hz - 15 Hz) oder sogar in einen Alpha-Zustand (8 Hz - 13 Hz) zu bringen.

Der für das Siegersystem-Konzept wichtige Frequenzbereich ist der Bereich der Theta-Wellen, also der Bereich zwischen 4 Hz und 8 Hz. Diesen Bereich unterteilt man ggfs. noch in zwei Unterbereiche:

Theta 1 — 4,0 Hz - 6,5 Hz

- Einschlafphase
- Wachträumen

[2] https://de.wikipedia.org/wiki/Elektroenzephalografie

- Hypnose

Theta 2 6,5 Hz - 8 Hz

- Tiefe Entspannung
- Meditation
- Wachträumen
- Hypnose
- Gute Erinnerungs-/Lernfähigkeit
- Konzentration
- Kreativität

Nachdem Sie wissen, dass das Erreichen eines Theta-Zustands der Gehirnwellenfrequenz einer meditativen Tiefenentspannung entspricht, möchte ich Ihnen erklären, welche Hilfsmittel ich hierfür entwickelt und eingesetzt habe.

Ich habe sehr gute Erfahrungen mit einer akustischen Beeinflussung der Gehirnwellen gemacht. Die beiden von mir erprobten Wege erläutere ich im Folgenden.

Wichtiger Hinweis: Ich wende keine derartigen Hilfsmittel an, wenn eine Epilepsie oder eine psychische Erkrankung diagnostiziert wurde oder Psychopharmaka eingenommen werden. Auch bei Migränepatienten lasse ich Vorsicht walten, wobei ich bei mir selbst niemals negative Erfahrungen gemacht habe.

4.2. Binaural Beats

Was versteht man unter "Binaural Beats"?

Binaurale Beats (binaural: lat. mit beiden Ohren) sind eine akustische Täuschung, die wahrgenommen wird, wenn beiden Ohren Schall mit leicht unterschiedlicher Frequenz zugeführt wird. Anders als Schwebungen entstehen binaurale Beats nicht durch Überlagerung von Schallwellen im Ohr, sondern im Gehirn. Man nimmt an, dass dieser Ton im Stammhirn erzeugt wird, im Nucleus olivaris superior, wo das Zentrum für räumliches Hören liegt.

Um einen Beat wahrnehmen zu können, müssen die Trägerfrequenzen unterhalb von 1500 Hz liegen. Der Unterschied zwischen den Frequenzen für das linke und rechte Ohr darf nicht größer sein als 30 Hz, da ansonsten zwei verschiedene Töne gehört werden.

Beispiel: hört man auf dem linken Ohr eine Frequenz von 440 Hz und auf dem rechten Ohr eine von 430 Hz, so wird im Gehirn ein Ton mit der mittleren Frequenz von 435 Hz erzeugt. Ähnlich wie bei einer Schwebung wird dabei ein pulsierender Ton wahrgenommen, der binaurale Beat. Die Frequenz, mit der dieser pulsiert, ist gerade die Differenz der beiden ursprünglichen Frequenzen, in diesem Beispiel also 10 Hz.

Das Interesse an binauralen Beats lässt sich in drei Kategorien einteilen:

- Sie dienen in der Neurophysiologie zur Erforschung des Hörsinns.

- Neurophysiologisch wird auch ihr Einfluss auf die Vorgänge im Gehirn erforscht.

- Sie werden bei bestimmten Methoden eingesetzt mit dem Ziel, die Gehirnwellen zu stimulieren, um Entspannung, Schlaf, Meditation oder Konzentration zu fördern.

Den Entstehungsort der binauralen Beats vermuten Forscher im Nucleus olivaris superior, einem Teil des Hirnstamms. Der Nucleus olivaris superior ist Teil der Hörbahn. Seine Neuronen sind an der Lokalisation von Schallquellen beteiligt, indem sie Laufzeit- und Pegelunterschiede zwischen beiden Ohren auswerten.

Binaurale Beats können Einfluss auf Hirnwellen haben und auch jene Bereiche des Gehirns stimulieren, die nicht mit dem Hören verknüpft sind. Messbare Effekte wurden bislang nur vereinzelt festgestellt.

Mit Hilfe der Elektroenzephalografie können verschiedenen Bewusstseinszuständen unterschiedliche Frequenzbänder der elektrischen Impulse im Gehirn zugeordnet werden. So zeigen die Hirnströme eines schlafenden Menschen andere Frequenzen als im Wachzustand. Die meisten dieser Frequenzen liegen unterhalb der Wahrnehmungsgrenze des Hörsinns von ca. 20 Hz, können also nicht direkt wahrgenommen oder beeinflusst werden. Mit Hilfe von binauralen Beats können solche Frequenzen jedoch virtuell im Hirn erzeugt werden.

Je nachdem welcher Bewusstseinszustand erreicht werden soll, wird dem Gehirn dabei einer der fünf neurologisch relevanten Frequenzbereiche angeboten.

Wie EEG-Messungen gezeigt haben, wird das Gehirn veranlasst, sich dieser angebotenen Frequenz anzunähern. Der Prozess der Annäherung der vorherrschenden Hirnwellenfrequenz an die von außen zugeführte Frequenz wird Entrainment genannt.

Das Entrainment ist effektiver, wenn die wahrgenommene Frequenz der binauralen Beats nahe der vorherrschenden Hirnfrequenz liegt (tagsüber rund 20 Hz) und dann z.B. für einen entspannten Zustand langsam gesenkt wird.

Viele Menschen empfinden den Klang purer Sinustöne als unangenehm, daher werden die binauralen Beats meist in Trägersounds wie Naturgeräusche oder harmonische Kompositionen eingebettet.

Binaurale Beats werden zur Tiefenentspannung bei der Hemi-Sync-Methode und bei Mindmachines eingesetzt.[3]

---

[3] https://de.wikipedia.org/wiki/Binaurale_Beats

Ich habe für das Siegersystem-Konzept anfangs wav-Dateien erstellt, bei denen "Binaural Beats" mit unterschiedlichen Frequenzen hintereinander "geschnitten" wurden, erst 1 Minute mit 20 Hz, dann 1 Minute mit 19 Hz bis runter auf 7 Hz. Bis zur Frequenz von 7 Hz wurden also 13 Minuten vorab abgespielt. Unterlegt waren diese "Binaural Beats" mit entspannender Meditationsmusik, alternativ auch mit Naturgeräuschen, so dass die einzelnen Sinustöne nicht unangenehm wurden. Die Frequenz von 7 Hz wurde dann dauerhaft beibehalten, jedoch leiser abgespielt. Später habe ich mit Mindmachines mit Biofeedback-Sensor gearbeitet, dazu später mehr.

Wichtig ist, dass man für das Abspielen dieser wav-Dateien hochwertige, geschlossene Kopfhörer einsetzt, damit möglichst alle Umgebungsgeräusche abgeschnitten bzw. zumindest reduziert sind.

4.3. Isochrone Töne

Noch bessere Erfolge als mit den "Binaural Beats" habe ich mit "Isochronen Tönen" sammeln können. Was versteht man unter "Isochronen Tönen"?

Isochrone Beats, also isochrone Töne, gelten als eine der effektivsten Methoden der Gehirnwellen-Beeinflussung. Sie bestehen aus gepulsten Tönen, wobei Töne gleicher Lautstärke schnell hintereinander abgespielt werden. Der übertragende Ton erklingt und verklingt in rascher Abfolge.

Die Geschwindigkeit der Pulsabfolge ist abhängig von der Gehirnwellenfrequenz, die stimuliert werden soll. Möchte man zum Beispiel Gehirnwellen im Theta-Frequenz-Bereich von 7 Hz aktivieren, so wird ein Ton 7 Mal in der Sekunde mit gleich langen Pausen dazwischen abgespielt

Isochrone Töne sind also nichts Anderes als aneinander gereihte, pulsartige Töne einer bestimmten Frequenz und Lautstärke.

Da "Isochrone Töne" im Normalfall als unangenehm oder zumindest als langweilig empfunden werden, habe ich wav-Dateien erstellt, die gleichzeitig angenehme Meditationsmusik enthalten, auf Wunsch alternativ Naturgeräusche.

Der Vorteil von "Isochronen Tönen" gegenüber "Binaural Beats" ist, dass die Ohren nicht mit unterschiedlichen Audiosignalen beschallt werden müssen, wie dies bei "Binaural Beats" notwendig ist. Somit kann man "Isochrone Töne" auch über Lautsprecher abspielen und einsetzen. Eine Nutzung mit ohrumschließenden Kopfhörern habe ich jedoch als erfolgreicher wahrgenommen.

4.4. Kopfhörer / Mikrofon / Mischpult / Recorder

Damit die unterschiedlichen Audiodateien eingesetzt werden können, wird etwas Hardware benötigt. Neben einem vernünftigen Computer (ich selbst nutzte ein Notebook), hatte ich noch folgende Hardware installiert:

Mikrofon

Ein gutes Mikrofon ist wichtig, damit die Aufnahmen der Stimme des Omniatherapeuten möglichst neutral und sauber gelingen. Es gibt vernünftige Mikrofone schon für rund € 100,00.

Mischpult

Das Mikrofon habe ich mit einem kleinen Mischpult verbunden. Dieses Mischpult ist eigentlich nicht nötig, da es auch gute Mikrofone mit USB-Anschluss gibt, aber mit dem Einsatz eines Mischpults bin ich unabhängiger und kann, falls zielführend oder sinnvoll, externe Einstellungen vornehmen.

Kopfhörer

Der Kopfhörer, den der Protagonist aufsetzt, sollte auf jeden Fall die Ohren komplett umschließen, um Außengeräusche weitestgehend zu minimieren. Dazu ist es wichtig, dass der Kopfhörer bequem sitzt und auch dauerhaft angenehm getragen werden kann. Es lohnt sich bestimmt, etwas "Vernünftiges" zu kaufen.

Recorder

Als Ergänzung habe ich einen transportablen Recorder als Aufnahmegerät eingesetzt, um das Vorgespräch oder auch eine Hypnosesitzung aufzunehmen, falls dies gewünscht war. Meistens habe ich dafür jedoch den PC genutzt.

Eine Markenempfehlung möchte ich zu den o.a. technischen Hilfsmitteln nicht aussprechen, da ich keine Schleichwerbung machen möchte. Außerdem gibt es immer wieder neue Entwicklungen, die veränderte Empfehlungen sinnvoll machen können.

4.5. Voice-Changer-Software

Nicht nur verschiedene wav-Dateien mit unterschiedlichen Audiosignalen wurden von mir getestet und eingesetzt, sondern noch andere Hilfsmittel, die absolut nicht alltäglich sind. So hatte ich z.B. die Idee, eine Voice-Changer-Software zu nutzen. Warum ...

Es kann schwierig sein, einen Menschen in eine stabile Tiefenentspannung zu begleiten, wenn unterbewusste Vorbehalte bestehen. Dies kann z.B. der Fall sein, wenn eine Frau, die einen Missbrauch oder eine Vergewaltigung erlebt hat, Schwierigkeiten hat, sich gegenüber einem Mann zu "öffnen". Dies konnte ich immer sehr gut verstehen, darum habe ich überlegt, was wohl passieren würde, wenn die Protagonistin eine Frauenstimme wahrnimmt und von einer angenehmen weiblichen Stimme in eine Tiefenentspannung geführt wird.

Um dies herauszufinden, installierte ich eine Voice-Changer-Software auf meinem PC. Nach einigen Versuchen habe ich sehr wohlklingende Frauenstimmen hörbar machen können, wenn ich in das Mikrofon gesprochen habe. Es war wirklich verblüffend.

Bei einer persönlichen Siegersystem-Sitzung hat die Protagonistin eine Augenbinde (angenehm kuschelige Schlafmaske) und einen Kopfhörer aufgesetzt. Als erstes wurden wav-Dateien mit z.B. "isochronen Tönen", untermalt mit Meditationsmusik oder Naturgeräuschen, abgespielt, beginnend bei 20 Hz bis hinunter zu 7 Hz.

Die Steuerung der Ton- und Lichtsignale war über eine Neuro-Software mit Biofeedback-Koppelung besonders effektiv. Warum dies der Fall war und ist, erkläre ich in einem späteren Unterkapitel.

Ab 7 Hz wurde die Lautstärke der "Isochronen Töne" reduziert und "meine" angenehme weibliche Stimme führte durch die persönliche Siegersystem-Sitzung. Während der kompletten Sitzung habe ich ausschließlich in ein Mikrofon gesprochen, das meine Stimme an den PC weiterleitete, dort von der Voice-Change-Software "umgewandelt" wurde und schließlich über das Mischpult die Kopfhörer der Protagonistin erreichte.

Diese Vorgehensweise hat sich übrigens nicht nur bei Frauen als hilfreich herausgestellt, sondern auch bei Männern, z.B. wenn sie eine sehr dominante Stimme "bevorzugten". Die Voice-Changer-Software hat dann aus meiner "normalen" Stimme eine sehr tiefe (auf Wunsch beinahe bedrohliche) Stimme "gemacht".

4.6. Subliminal Suggestions

Den Begriff "Suggestionen" habe ich bereits erläutert, nun muss ich den Begriff "subliminal" erklären.

> Subliminal (lat. sub: "unter" und limen: „Schwelle", deutsch: unterschwellig; Ggtl.: supraliminal, deutsch: überschwellig) ist ein Begriff aus der Psychologie. Er bezeichnet die unterschwellige Darbietung bzw. Wahrnehmung von Reizen. „Unterschwellig" bedeutet, dass die Schwelle des Bewusstseins nicht überschritten wird, dass also Menschen die ihnen dargebotenen subliminalen Reize nicht bemerken oder sie zumindest nicht diskriminieren (trennen) können; sie sind dem Bewusstsein nicht zugänglich.
>
> Reize können aus verschiedensten Gründen an der Schwelle bewusster Wahrnehmung scheitern, etwa wenn ihre Darbietung zu kurz ist oder das Signal-Rausch-Verhältnis oder der Darbietungszeitpunkt ungünstig sind, etwa während Sakkaden (sakkadische Suppression). Zudem kann die Wahrnehmbarkeit durch die zeitliche oder räumliche Nähe weiterer ablenkender Reize beeinträchtigt sein (Aufmerksamkeit, s. a. attentional blink).
>
> Eine andere Art der Unterschwelligkeit ist die Stereotypie gewisser Reize. Wir sind so sehr an diese Darstellungen gewöhnt, dass wir sie nicht mehr bewusst wahrnehmen. In der Werbung wird von Frauen häufiger der ganze Körper gezeigt, von Männern häufiger nur der Kopf. „Männer handeln, Frauen schauen zu."

Frauen werden häufiger in abhängigen Rollen dargestellt als Männer.[1] Versicherer werben oft mit dem Versprechen, Sicherheit vor dem versicherten Risiko zu bieten - obwohl keine Unfallversicherung Unfälle verhindern kann.

In der Humanforschung werden subliminale Reize typischerweise durch eine sehr kurze (z.B. tachistoskopische) Darbietungszeit realisiert. Meist werden hierzu visuelle Reize (Bilder) nur für wenige Millisekunden dargeboten und anschließend von einem zweiten Störreiz überlagert, z.B. einer Maske aus zufälligen Punkten.

Dieser Ablenkungseffekt zeigt sich z.B. bei Neglect-Patienten, die einen normalerweise deutlich wahrnehmbaren Reiz nicht mehr bewusst erkennen, wenn gleichzeitig ein zweiter Reiz in der anderen Gesichtshälfte dargeboten wird. Noch dramatischer sind in diesem Zusammenhang Berichte von Rindenblindheit nach einer Schädigung des primären visuellen Cortex. Dennoch hinterlassen auch subliminale Reize nachweisliche Spuren im Gedächtnis (vgl. Priming) oder bewirken Verhaltenstendenzen, die nicht unbedingt im Einklang mit der bewussten Einstellung stehen müssen (unbewusste Informationsverarbeitung).

Im Experiment von Sheila Murphy und Robert Boleslaw Zajonc (1993) wurde den Probanden ein chinesisches Schriftzeichen gezeigt, das sie auf einer Skala von 1 („gefiel mir gar nicht") bis 5 („gefiel mir sehr gut")

> bewerten sollten. Vor dem Schriftzeichen sahen sie für 10 Millisekunden, also subliminal, entweder ein freundliches Gesicht, einen neutralen Gegenstand oder ein wütendes Gesicht. Dieser Vorreiz hatte signifikanten Einfluss auf die Bewertung des Schriftzeichens. Bei diesem Experiment, wie bei allen Replikationen, wirkten subliminale Botschaften nur unter extrem kontrollierten Laborbedingungen, wenn es also keinerlei Ablenkungen o.ä. gab.[4]

Der entscheidende Punkt ist nach meiner Erfahrung, dass man die subliminalen Botschaften in einem entspannten Meditationszustand "wahrnehmen sollte", also in einem Theta-Zustand. Mit "normalen" subliminalen Botschaften, wie sie z.B. im Internet vielfach als Audiodateien angeboten werden, habe ich keine erfolgreichen Erfahrungen sammeln können. Das heißt nicht, dass solche subliminalen Botschaften, ohne dass man einen Theta-Zustand erreicht hat, völlig nutzlos sind, aber zumindest nach meiner Erfahrung war der Erfolg "überschaubar" und keinesfalls vergleichbar mit dem Erfolg einer "Wahrnehmung" subliminaler Botschaften im Theta-Zustand.

Wenn man nun subliminale Botschaften in Form von Suggestionen z.B. mit "Isochronen Tönen" und einer angenehmen Musik oder mit Naturgeräuschen kombiniert und über einen Kopfhörer abspielt, dann kann man Erstaunliches erreichen.

---

[4] https://de.wikipedia.org/wiki/Subliminal_(Psychologie)

4.7. Subliminal Affirmations

Ganz ähnlich wie "Subliminal Suggestions" werden "Subliminal Affirmations" erstellt. Der einzige Unterschied ist, dass die subliminalen Botschaften nicht von mir in der "Du-Form" aufgesprochen werden, sondern der Protagonist die Botschaften selbst "einspricht". Diese Audiodateien wurden dann von mir mit den "Isochronen Tönen" und der gewünschten Meditationsmusik oder alternativ mit Naturgeräuschen gemixt.

Der Vorteil von Affirmationen gegenüber Suggestionen ist, dass sich der Protagonist die Botschaften "selber vorspricht" und dementsprechend der Zugang zum Unterbewussten erleichtert ist. "Man glaubt sich selbst mehr", als einer dritten Person.

Sowohl die "Subliminal Suggestions", als auch die "Subliminal Affirmations" stellte ich den Protagonisten gerne zur Verfügung. Meine Empfehlung war, diese Dateien jeden Tag über Kopfhörer in einem entspannten Umfeld, z.B. im Bett vor dem Einschlafen, anzuhören.

4.8. HFA-Subliminals

Eine weitere Möglichkeit, sich von Subliminals "bearbeiten" zu lassen, sind HFA-Subliminals, z.T. auch "Silent Subliminals" genannt.

HFA ist die Abkürzung für High Frequency Audio. Mit High Frequency werden elektromagnetische Wellen in einem Frequenzband von 3 MHz bis 30 MHz bezeichnet. Der Zusatz Audio macht deutlich, dass es sich um Schallwellen handelt.

HFA-Subliminals werden von mir so genannt, weil sie nur Frequenzen im Bereich über 14 kHz, 15 kHz oder sogar 16 kHz enthalten. Die tatsächliche untere Frequenzhöhe ist abhängig vom Alter und vom Gehör des Protagonisten.

Den Begriff HFA-Subliminals finde ich passender, als den Begriff "Silent Subliminals", weil die Frequenzen in einem hohen Bereich liegen, aber nicht "leise", sondern einfach nur nicht mit dem Ohr wahrnehmbar sind.

Die Idee hinter den HFA-Subliminals ist, dass man Frequenzen über z.B. 16 kHz zwar nicht hören, aber trotzdem noch wahrnehmen kann. Vergleichbar ist dies mit elektromagnetischen Wellen im Bereich von etwa 789 THz (violett) bis etwa 384 THz (rot), die wir als Licht erkennen. Frequenzen unterhalb von etwa 384 THz (Infrarot) oder oberhalb von 789 THz (Ultraviolett) können wir zwar nicht sehen, aber trotzdem körperlich wahrnehmen, z.B. in Form von Wärme (Infrarot).

Der Erfolg mit HFA-Subliminals hielt sich bei meinen Versuchen in Grenzen. Ich selbst habe mich z.B. dauerhaft Tag und Nacht mit Affirmationen beschallen lassen, hatte aber nicht das Gefühl, eine erhebliche Wirkung festgestellt haben zu können. Ein positiveres Ergebnis erreicht man nach meiner Erfahrung erst nach einer Anwendung über einen langen Zeitraum.

HFA-Subliminals stellte ich nach einer persönlichen Siegersystem-Sitzung trotzdem gerne zu Testzwecken zur Verfügung.

4.9. Lautsprecher mit wav-Player

Um die HFA-Subliminals nutzen zu können, benötigt man eine Kombination aus einem Player mit einem guten Lautsprecher, der für möglichst hohe Frequenzen konstruiert ist. Die tiefen Tonbereiche sind unwichtig.

Nach längerer Suche habe ich einen mobilen Lautsprecher mit integriertem Akku und Player gefunden, der Frequenzen bis 20 kHz wiedergeben kann. Das Besondere an diesem tragbaren Lautsprecher ist, dass der Player einzelne Dateien oder auch ganze Dateiordner als Endlosschleife abspielen kann und diese Einstellungen über eine Handy-App vorgegeben werden können. Damit war und ist es mir möglich, HF-Affirmationen dauerhaft 24 Stunden am Tag abzuspielen, selbst wenn ich unterwegs war.

Was ich erstaunlich fand, ist, dass man zwar nichts bewusst hören konnte, aber man trotzdem recht schnell einen Druck auf den Ohren verspürte. Personen, die nichts von den HFA-Subliminals wussten, haben mir sehr schnell zu verstehen gegeben, dass "irgendetwas komisch" war.

Als ich HFA-Subliminals nachts abgespielt habe, habe ich nur sehr schlecht geschlafen. Meine Frau, der ich mit Absicht nichts davon erzählt hatte, um ein Ergebnis unbeeinflusst von Vorbehalten erreichen, hat mir sofort nach der ersten Nacht erklärt, nicht schlafen zu können und mich gefragt, ob ich "irgendetwas laufen" lassen würde. Das heißt, der Körper nahm definitiv etwas wahr.

4.10. Neuro-Software

Um HFA-Subliminals, isochrone Töne und Binaural-Beats usw. erstellen und steuern zu können empfiehlt sich der Einsatz einer Neuro-Software. Eine solche Software verfolgt in erster Linie das Ziel, neurologische und/oder psychische Effekte auszulösen.

- **Neurologisch**

  Das Ziel ist eine Gehirnwellenabstimmung (Brainwave Entrainment) mit Hilfe von Soundfiltern und Soundmodulationen, sowie durch optionale Brillen mit Leuchtdioden. Gehirnwellenmuster sollen derart beeinflusst werden, dass gewünschte Funktionen, die auf bestimmte Gehirnwellenmuster zurückgeführt werden, erreicht werden.

  Da es z.B. möglich ist, an Hand von Gehirnwellenmustern zu erkennen, ob ein Proband müde oder traurig, konzentriert oder verträumt, positiv oder aggressiv ist, sollen mit der äußeren Beeinflussung genau die Muster erzeugt werden, die im jeweiligen Moment gewünscht sind, z.B. die auf eine erhöhte Konzentration oder Meditationsfähigkeit hinweisen.

Auf diesem Weg sollen z.B. negative Zustände, wie Angst, Depression oder andere Störungen aufgelöst oder zumindest vermindert werden. Auch eine Verbesserung des Gedächtnisses und der Lernfähigkeit sind über diesen Weg oftmals gewollt.

Sogar physische Reaktionen, wie das Bilden hilfreicher körpereigener Substanzen wie z.B. Serotonin oder anderer Hormone, sollen damit angestoßen werden.

Zu den psychischen Zielen gehört es, Affirmationen, Suggestionen und Visualisierungen zu ermöglichen, ggfs. in Verbindung mit einer hypnotischen Trance. Damit sollen z.B. Ängste und Süchte überwunden oder Blockaden und Glaubenssätze "weggeräumt" werden.

In Verbindung mit einer Hypnose soll eine direkte Kommunikation mit dem Unterbewussten erreicht werden, um "Probleme" zu minimieren oder positive Effekte (z.B. erhöhtes Selbstvertrauen) zu initiieren. Eine Neuro-Software kann hierbei ergänzend eine wertvolle Hilfe sein und z.B. (Folge)-Sitzungen ohne den Hypnotiseur/Therapeuten ermöglichen.

Mit Hilfe von Brainwave Entrainment-Techniken sollen die Gehirnwellenmuster des Probaden in einen "emp-

> fänglichen" Zustand versetzt werden. Sobald der Proband aufnahmefähig ist, startet die Neuro-Software mit Suggestionen oder begleitet den Probanden durch die Sitzung, z.B. indem Visualisierungen wiederholt werden.

Die am Markt verfügbaren Software-Lösungen sind in der Herangehensweise und ihrem Funktionsumfang z.T. sehr unterschiedlich. Ich empfehle Ihnen, sich kompetent beraten zu lassen, wenn Sie sich mit dieser Thematik näher beschäftigen möchten, und keinesfalls die erstbeste Software zu kaufen. Meistens steht Ihnen eine z.B. für 30 Tage kostenlose Variante der Software zur Verfügung, damit Sie sich erst einmal mit den Möglichkeiten, sowie Vor- und Nachteilen vertraut machen können, bevor ein Kauf getätigt wird.

4.11. Mindmachine

Ich habe sehr früh begonnen, mit Mindmachines zu experimentieren. Was genau versteht man darunter?

> Als Mindmachine werden audiovisuelle Stimulationsgeräte bezeichnet, die mit Hilfe von gepulstem Licht und Ton beim Anwender Einfluss auf dessen EEG-Wellen nehmen sollen und damit bestimmte Bewusstseinszustände erreichen sollen. Typischerweise besteht eine Mindmachine aus einem Kopfhörer und einer Spezialbrille, die mit Leuchtdioden (LEDs) als Lichtquelle besetzt ist.

Die Brille erzeugt einen stroboskopähnlichen Effekt in einem einstellbaren Bereich von 1 bis ca. 30 Hz, während gleichzeitig Töne über den Kopfhörer mit einer dazu passenden Frequenz oder Frequenzgemisch (ggf. als gepulstem Ton) eingespielt werden. Diese (ggf. binauralen) Töne in Zusammenwirkung mit den Lichteffekten stimulieren die Reizverarbeitung des Anwenders im vorgegebenen Frequenzbereich und sollen auf diese Weise auf den mentalen Zustand des Anwenders Einfluss nehmen. Diese Stimulation sollen auf Grund einer sog. Frequenz-Folge-Reaktion je nach Einstellung entsprechend verstärkte Gehirnaktivitäten von tiefen Deltawellen (1–4 Hz), über Thetawellen (5–8 Hz) und Alphawellen (8–12 Hz) bis zu schnellen Betawellen (>12 Hz) erzeugt werden.

Der Vorläufer einer Mindmachine ist bereits in den 1940er Jahren von William Grey Walter als elektronisches Gerät erfunden worden, welches bestimmte Frequenzbereiche als akustische oder visuelle Signale ausgibt. Seit etwa den 1980er Jahren sind Mindmachines bei entsprechenden Fachvertriebsunternehmen, die sich auf Vertrieb von Geräten zum Zwecke des Mentaltrainings und auf einen Kundenkreis aus dem Esoterikbereich spezialisiert haben, zu Preisen von 100,- bis ca. 500,- EUR erhältlich. Studios, die die Nutzung von Mindmachines (und zwar ausschließlich, vergleichbar zu sog. Sonnenstudios) anboten, hatten allerdings nicht genügend Zulauf gefunden, sodass entsprechende Spezialangebote wieder vom Markt verschwanden. Ruheräume mit Mindmachines finden sich als Zusatzangebot hingegen noch vereinzelt in Freizeiteinrichtungen im Wellnessbereich (Saunabetriebe, Freizeitbäder, Fitnessstudios und Hotels).

Der Frequenzumfang der Mindmachines deckt den Bereich der menschlichen Gehirnwellenfrequenzen ab. Die ausgegebene Frequenz ist einstellbar und während einer Session von üblicherweise 20 bis 40 Minuten Dauer nach vorgegebenem Programm auch veränderlich und soll über die sogenannte Frequenz-Folge-Reaktion Einfluss auf die Frequenzverteilung der EEG-Wellen nehmen und so eine gewünschte Stimmung oder einen Bewusstseinszustand beeinflussen, erzeugen oder fördern.

Die Signalausgabe geschieht über Kopfhörer und/oder speziell präparierte Brillen und wirkt auf diese Weise per Sinneseindruck auf den Anwender ein. Die opto-akustischen Geräte mit Brille arbeiten mit LEDs in den unterschiedlichsten Farben, üblicherweise rot, die für jedes Auge getrennt angesteuert werden können. Durch eine mit Leuchtdioden bestückte Brille wird ein flackerndes Licht auf das (meist geschlossene) Auge geworfen. Synchron zum Licht wird über Kopfhörer eine Impulsfrequenz (physikal. Burstsignal) akustisch eingespielt. Über die Kopfhörer werden die (ggf. binauralen) Töne eingespielt, die pro Ohr unterschiedliche Frequenzen haben können, amplitudenmoduliert oder gepulst sind. Um beispielsweise eine Thetafrequenz zu erzeugen, differieren die Töne vom rechten und linken Ohr um 5–8 Hz, wodurch ein Schwebungssignal mit entsprechend modulierter Frequenz entsteht. Bei amplitudenmodulierten oder gepulsten Tönen wird die Lautstärke in der entsprechenden Frequenz (1–30 Hz) moduliert. Zusätzlich können noch Musik oder gesprochener Text eingespielt werden.

Ein Entspannungsprogramm startet dabei üblicherweise im tiefen Betabereich (etwa 14 Hz), senkt die Frequenz dann allmählich bis zur gewünschten Frequenz ab, verweilt dort eine Weile um zum Ende der Session wieder eine Frequenz zu erreichen, die einem bewussten Zustand (12–21 Hz) entspricht (Ausnahme zum Beispiel: Schlafunterstützung bzw. -einleitung).

Die Frequenz der Impulse entspricht dabei einer der vier neurologisch relevanten Frequenzbereiche und veranlasst das Gehirn aufgrund des Resonanzprinzips (auch Frequenz-Folge-Prinzip) sich dieser Frequenz anzupassen, wie EEG-Messungen gezeigt haben. Diese vier Bereiche werden Beta- (30 Hz bis ca. 13 Hz), Alpha- (12 Hz bis 8 Hz), Theta- (7 Hz bis 5 Hz) und Deltabereich (4 Hz bis 0,5 Hz) genannt. So werden beispielsweise einigen Studien zufolge alleine im Alphabereich selbstberuhigende Neurotransmitter (Endorphine) ausgeschüttet, die beispielsweise Menschen mit erhöhtem Stressaufkommen fehlen können.

Mindmachines werden zur Lernunterstützung, zur Entspannung, zur Regeneration und zur Tranceerzeugung eingesetzt.

> Für Anwendungen im Superlearning werden hauptsächlich die Alphawellen verwendet. Als Hintergrundmusik mischt man langsame Musikstücke, beispielsweise Largo-Sätze aus klassischen Musikstücken, zu den zu lernenden Texten hinzu.
>
> Daneben lassen sich mit Hilfe von Mindmachines sehr leicht Trancezustände erreichen. Sie bewegen sich im Theta- bis Deltabereich. Der Deltabereich entspricht einem tiefen Meditationszustand, während im Thetabereich starke Regenerationstätigkeiten zu verzeichnen sind. Gleichzeitig sorgt der Thetabereich für die Informationsübertragung aus dem Hippocampus in das Langzeitgedächtnis.
>
> Beim Übergang von Alphawellen zu Thetawellen lassen sich sogenannte Phantasiereisen induzieren. Anwendung finden diese Geräte auch als Einschlafhilfe, zum Schlafersatz, zur Konzentrationssteigerung, zur Reduktion von Muskelspannung, Puls und Blutdruck sowie zur Autosuggestion und Hypnosehilfe. Auch sind Anwendungen in der Suchtbehandlung bekannt.[5]

Es gibt eine ganze Reihe von Mindmachines in unterschiedlichen Ausführungen und mit mehr oder weniger Ausstattung. Ich habe für meinen Einsatzzweck eine hochwertige Mindmachine gekauft, um möglichst flexibel und komfortabel agieren zu können. Das Gerät ermöglicht es nicht nur, isochrone Töne, mit Musik oder Naturgeräuschen untermalt,

[5] https://de.wikipedia.org/wiki/Mindmachine

zu generieren und auf einen Kopfhörer zu übertragen, sondern gleichzeitig, passend dazu, visuelle Signale auf eine Brille zu schicken. Dazu kann man die Frequenzen der Audio- und Videosignale vom Entspannungszustand (mittels Biofeedback) abhängig machen und somit eine Tiefenentspannung optimal steuern. Es gibt allerdings noch viel mehr Features der Software und der Hardware, die das Einarbeiten nicht unbedingt erleichtern.

4.12. Biofeedback

Im Kapitel zuvor habe ich bereits den Begriff Biofeedback in Verbindung mit Mindmachines erwähnt. Dementsprechend muss ich auch erläutern, was mit Biofeedback gemeint ist.

> Mit dem Begriff Biofeedback (altgriechisch βίος bios „Leben" und englisch feedback „Rückmeldung") wird eine Methode bezeichnet, bei der Veränderungen von Zustandsgrößen biologischer Vorgänge, die der unmittelbaren Sinneswahrnehmung nicht zugänglich sind, mit technischen, oft elektronischen, Hilfsmitteln beobachtbar, d.h. dem eigenen Bewusstsein zugänglich gemacht werden.
> Biofeedback weist eine inhaltliche Nähe zu verhaltenstherapeutischen und lerntheoretischen Ansätzen auf. Die Einsatzmöglichkeiten der Behandlungstechnik sind vielfältig. Über kurative Ansätze hinaus findet Biofeedback auch Anwendung im Bereich des Peak-Performance-Trainings (Mentaltraining im Spitzen-

sport) und des Coachings. Es wird häufig zur Entspannung, aber auch zur Rehabilitation, zum Beispiel von erlahmten Muskeln, eingesetzt.

Körpereigene innerliche Regulationsvorgänge sind dem Bewusstsein häufig nicht direkt zugänglich, so dass bei Imbalancen (Ungleichgewichten) auch nicht bewusst auf den Regelkreis eingewirkt werden kann. Biofeedback dient dazu, mittels physiologischer Messungen eine Körperfunktion (wie zum Beispiel Puls, Hautleitwert oder Hirnströme) dem Bewusstsein zugänglich zu machen. Dies geschieht im Allgemeinen durch Töne (Lautstärke, Tonhöhe oder Klangfarbe) oder Visualisierungen (z.B. Zeiger oder Balkengraphiken). Der Patient versucht aufgrund dieser Rückkopplung eine Verbesserung der Regulation durch operante Kontrolle zu erzielen.

Für die bewusst wahrnehmbare Darstellung kommt eine Reihe von biologischen Istwerten in Frage. Diese werden nichtinvasiv gemessen, in einem Analog-Digital-Wandler konvertiert, gemittelt und verstärkt und schließlich graphisch oder akustisch aufbereitet. Im Einzelnen können erfasst werden:

- Atemmuster (Atemfrequenz, Atemamplitude)
- Blutdruck
- Puls (Frequenz, Amplitude und Variabilität)

- Sauerstoffgehalt des Blutes
- Hauttemperatur
- Hautwiderstand
- Muskelpotentiale (mit Hilfe der Elektromyografie)
- Gehirnströme

Die technische Ausführung reicht von tragbaren kleinen Geräten, die häufig nur einen Parameter erfassen und rückmelden, über Vaginal- und Rektalelektroden bis hin zu Mehrkanalgeräten, die mehrere Signale gleichzeitig hochfrequent aufzeichnen. Teilweise erfolgt die Übertragung kabellos mittels Bluetooth-Technik, so dass der Proband/Patient sich während der Therapie ungehindert bewegen kann.

Für viele der Anwendungen gilt, dass nicht unbedingt ein offensichtlicher Zusammenhang zwischen dem „Organ" der Erkrankung und dem für die Therapie gewählten Messwert bestehen muss; so wird etwa für das Biofeedback bei Depressionen häufig die Herzratenvariabilität als Istwert genutzt.[6]

Die einzelnen biologischen Ist-Werte verlaufen überwiegend parallel. Für die Nutzung von Mindmachines hat sich bei mir

[6] https://de.wikipedia.org/wiki/Biofeedback

gezeigt, dass die Messung des Hautwiderstands ausreichend ist. Hierfür gibt es preisgünstige Sensoren (bereits unter € 100,00), mit denen man den Hautwiderstand messen und das Ergebnis an die eingesetzte Software zurückführen kann.

Der große Vorteil dieser Biofeedback-Messung ist, dass man, falls man eine entsprechend hierfür geeignete Neuro-Software einsetzt, z.B. die auf den Kopfhörer übertragenen Töne oder die auf die LED-Brille übertragenden Signale (bzw. deren Frequenz) vom Entspannungszustand abhängig machen kann. So ist es u.a. möglich, das "Herunterfahren" automatisiert langsamer oder schneller vornehmen zu lassen, je nachdem ob der Betroffene bereits ruhig und entspannt ist oder erst über einen längeren Zeitraum in eine Entspannungsphase geführt werden muss.

5. Anwendungen und Einsatzbereiche

Das Hauptanwendungsziel des Siegersystem-Konzepts ist es, Menschen im Unterbewussten ein "Sieger-Gen" zu "aktivieren". Dies geschieht über mehrere parallel ablaufende Wege, die ineinandergreifen und sich gegenseitig ergänzen.

Mit "Sieger-Gen" meine ich nicht, dass jeder, der das Siegersystem konsequent anwendet, ab sofort immer "Deutscher Meister" in irgendeiner Sportart wird oder jeden Wettkampf gewinnt. Dies ist schon allein deshalb nicht möglich, weil ich dann z.B. 18 Fußball-Bundesligisten "versprechen können" müsste, dass sie "Deutscher Meister" werden. Wie soll das gehen? 17 Vereine wären dann nach Ende einer Saison ziemlich enttäuscht.

Mit "Sieger-Gen" ist gemeint, dass jeder das für sich Optimale erreichen kann und auch erreicht. Es soll dann nicht irgendwann heißen, dass jemand "mehr aus seinem Talent hätte machen können". Nein, mit Hilfe einer konsequenten Anwendung des Siegersystem-Konzepts, so behaupte ich, ist es möglich, das maximal Erreichbare zu schaffen und alles umzusetzen, was einem tatsächlich "möglich ist".

Nach meiner Einschätzung und Erfahrung ist fast jedem Menschen mehr "möglich", als er tatsächlich erreicht. Dies betrifft nicht nur die Bereiche, die man eventuell als naheliegend betrachtet, nämlich Beruf (z.B. Leistungssportler) und Geld, sondern auch völlig andere Lebensbereiche, bei denen man gar nicht so sehr vermutet, dass ein "Sieger-Gen" sinnvoll sein kann.

Das Gegenteil von "siegen" ist übrigens nach meiner Meinung nicht "verlieren". Wer z.B. Sport treibt, weiß, dass das Verlieren genauso zum Sport dazugehört, wie das Siegen. Viele Hochleistungssportler haben z.B. geäußert, dass sie erst eine Niederlage stark gemacht hat oder sie an einer Niederlage gewachsen sind.

Für mich ist das Gegenteil von "siegen" eher "aufgeben" oder "nicht das Maximale erreichen" oder "das Opfer sein". Mit Hilfe des Siegersystems, davon bin ich überzeugt, kann jeder das erreichen, was ihm maximal möglich ist. Und wenn dazu eine "Deutsche Meisterschaft" o.ä. gehört, dann wird das, dessen bin ich mir sicher, erreichbar werden.

Warum gibt es in allen Sportarten Vereine, die scheinbar immer - geradezu wie gesetzlich vorgeschrieben - zu gewinnen scheinen und denen man einen "Dusel" oder ein Übermaß an Glück unterstellt, und andere, die immer wieder in Abstiegsgefahr geraten, obwohl sie ähnlich viel oder womöglich genauso viel Geld ausgeben? Am Geld kann es nicht alleine liegen, denn dann müsste die Reihenfolge in der Endabrechnung bereits vor der Saison, zumindest zum großen Teil, feststehen.

Es ist im Prinzip sehr einfach. Die Spieler des erfolgreichen Vereins haben schlicht ganz schnell und tief verinnerlicht, dass sie "selbstverständlich" gewinnen werden, die Spieler des anderen Vereins hoffen, irgendwie durchzukommen und möglichst weniger Spiele zu verlieren, als einige andere Mannschaften. Das Denken und die Herangehensweise an eine Saison oder ein Match sind völlig unterschiedlich.

Nun ist es nicht möglich, mit den Spielern eines Vereins, der sich bisher mehr mit dem Abstieg und dem verlieren auseinandergesetzt hat, in einem kurzen Gespräch die unterbewussten Hintergründe zu besprechen und daraus folgernd anzunehmen, dass jetzt alle Spiele gewonnen werden. Wer dies für möglich hält, forscht womöglich parallel nach der eierlegenden Wollmilchsau und sucht im Geburtenregister nach dem Weihnachtsmann.

Es tut mir Leid, dass ich an dieser Stelle keine positivere Nachricht für Sie habe, aber das Umdenken inkl. glauben und vertrauen dauert seine Zeit, es muss erlernt und immer und immer wieder geübt und wiederholt werden. Die gute

Nachricht ist jedoch, dass es möglich ist, ansonsten hätte ich mir das Schreiben dieses Buches "sparen" können.

Ich möchte dies mit Beispielen erläutern, die nahezu jedem von Ihnen bekannt vorkommen.

- Als Sie Ihre Muttersprache erlernt haben, dauerte dies ganz sicher länger als ein bis zwei Stunden. Es war ein Prozess über Monate und Jahre.

- Als Sie laufen gelernt haben, haben Sie auch das sichere Laufen und Rennen nicht von heute auf morgen beherrscht, sondern mussten immer und immer wieder das Aufstehen und Laufen üben.

- Als Sie Ihren Führerschein gemacht haben, haben Sie das Fahrzeug nicht nach einer Fahrstunde perfekt beherrscht und ohne nachzudenken die Kupplung getreten, geschaltet und den Verkehr beachtet. Das Beherrschen von Fahrzeugen und das unterbewusste Fahren haben sicher Monate gedauert.

Solche Beispiele könnte ich seitenweise aufführen, aber Sie werden wissen, worauf ich hinaus will. Es geht mir darum, dass Sie nicht erwarten dürfen, das "Sieger-Gen" nach Lesen dieses Buches und das Siegersystem-Konzept verinnerlicht zu haben. Nein, auch in dieser Beziehung befinden Sie sich in einem Lernprozess, der durch ständige Wiederholung und mit viel üben zu einer "eigenen Meisterschaft" führt. Zur Beruhigung: Dies gilt für mich gleichermaßen.

Ich möchte Sie aber ermutigen und ermuntern, diesen Weg konsequent zu beschreiten. Es reicht nicht aus, zu wissen, dass "Bestellungen beim Universum" oder "The Secret" möglich sind, man muss, um tatsächlich Erfolg auf seinem Weg haben zu können, auch die Umsetzung wagen und sich dabei selbst disziplinieren.

Ähnlich wie es Thomas Alva Edison schon sagte (siehe Kapitel "Was ist denken?"):

- "Genius is one per cent inspiration, ninety-nine per cent perspiration."

Auf Deutsch:

- "Genialität ist 1 Prozent Inspiration und 99 Prozent Transpiration"

Ich traue jedem Menschen zu, seine eigene Genialität zu entdecken und zu erreichen, aber der Weg dahin ist nicht zu meistern, indem man "mal ein Buch liest" und darauf verweist, "alles zu wissen". Wissen reicht nicht, man muss es umsetzen und konsequent "am Ball bleiben".

Was Sie übrigens, wenn Sie sich aufraffen, diesen Weg zu beschreiten und das Siegersystem-Konzept mit Nachdruck und diszipliniert umzusetzen, erleben werden, ist auch für mich selbst eine immer wieder erstaunliche und faszinierende Erfahrung. Sie werden mit einmal mit Menschen zusammenkommen, die auf einem ähnlichen Weg sind, wie Sie. Das Gesetz der Resonanz wird Sie mit Gleichgesinnten zusammenbringen, die Sie bestärken und ermutigen werden, weiter zu machen. Sie werden nicht alleine sein und schon gar nicht alleine gelassen. Glauben Sie mir.

- Haben Sie Mut. Machen Sie den nächsten Schritt und begeben Sie sich auf "Ihren" Weg!

6. Die 66 Siegersystem-Schritte und -Bausteine

Mit der Darstellung dieser 66 einzelnen Bausteine wird etwas klarer, warum ich es für wichtig erachtet habe, das Siegersystem-Konzept inhaltlich derart umfangreich "vorzubereiten" und die Hintergründe wichtiger Eckpfeiler z.T. wissenschaftlich zu erläutern. Ich habe versucht, die Inhalte in möglichst einfachen Worten darzustellen und wissenschaftliche Fachbegriffe zu vermeiden. Im Folgenden gehe ich auf die einzelnen Bausteine des Siegersystem-Konzepts ein und zitiere, falls nötig, die wichtigsten Passagen des Vorangegangenen.

Den ersten Schritt haben Sie nun getan. Herzlichen Glückwunsch! Sie waren bereit, sich mit diesem Buch bis hierher zu beschäftigen. Dies ist ein guter erster Schritt gewesen, aber er ist leider nicht ausreichend, damit Sie Ihr Ziel, z.B. maximal erfolgreich zu sein bzw. sich als Gewinner zu fühlen, erreichen.

Das Laufen haben Sie auch nicht durch das Lesen eines Buches (wenn Sie damals bereits hätten lesen können) erlernt. Auch das Fahrrad oder Auto fahren, das Golf oder Tennis spielen oder das Kochen usw. erlernt man nicht durch das Lesen eines Buches, sondern durch ein bewusstes Üben, bis Ihnen das Wichtige ins Unterbewusste übergegangen ist. Sobald Letzteres geschehen ist, können Sie Fahrrad oder Auto fahren, Golf oder Tennis spielen oder auch kochen, ohne dass Sie sich immer wieder bewusst mit der "Theorie" auseinandersetzen müssen. Genauso verhält es sich auch mit dem Siegersystem, Sie müssen es üben und am Ball bleiben, um "Ihre Meisterschaft" erreichen zu können.

Ich bitte Sie und empfehlen Ihnen:

- Wagen Sie den zweiten Schritt und den dritten und den vierten und so weiter. Nach Möglichkeit alle 66 Schritte.

6.1. Denken Sie selbst

für einen wichtigen Punkt halte ich die Empfehlung:

- Denken Sie selbst!

Nun werden Sie womöglich überlegen, was ich damit meinen könnte, denn schließlich denken Sie den ganzen Tag und zwar selbst. Es geht mir nicht um den normalen Denkvorgang, sondern:

- Denken Sie selbst!

Lassen Sie nicht für sich denken. Nehmen Sie nicht alles als "wahr" und "gegeben" an, was man Ihnen "vorsetzt". Hinterfragen Sie, überprüfen Sie, lassen Sie sich kein X für ein U vormachen, sondern werden Sie der Chef über Ihre Gedanken und alles, was ist.

Heutzutage ist es leider "normal" geworden, nahezu alles aus den Medien kritiklos zu "konsumieren" und als "wahr" zu akzeptieren, obwohl es z.T. simple Propaganda ist, z.B. die Werbung, die uns überall begegnet. Dieses kritiklose Aufnehmen von Informationen fängt aber schon im Kindergarten und in der Schule an, wo man sich altersbedingt nicht dagegen wehren kann, verstärkt sich während der Ausbildung oder an Universitäten und verfolgt uns bis zum Ableben. Überall werden Ihnen Nachrichten und Informationen vorgesetzt, die Sie in der Fülle gar nicht hinterfragen, geschweige denn überprüfen können. Dies führt unweigerlich zu einem Ohnmachtsgefühl, weil Sie irgendwann nicht mehr zwischen wahr und falsch, wichtig und unwichtig, gut und schlecht usw. unterscheiden können.

Die letztendlich sehr übliche Reaktion ist:

- Ach, lass mich damit in Ruhe. Ich will davon nichts mehr hören. Ich kann es sowieso nicht beeinflussen oder ändern.

Was Anderes als "aufgeben" ist solch eine Denkweise? Wie soll man sich als Gewinner fühlen können, das eigene "Sieger-Gen" aktivieren, wenn man im Grunde genommen schon seine eigene Ohnmacht akzeptiert hat?

Nun erwarte ich nicht, dass Sie alles überprüfen, was Ihnen "vorgesetzt" wird. Ich erwarte auch nicht, dass Sie die Welt retten und z.B. mit unserem Heimatland anfangen. Aber etwas können Sie tun, nämlich erkennen, wann Sie manipuliert werden und sich dagegen bewusst wehren, indem Sie anfangen, selbst zu denken.

Der große Vorteil dieser Neuausrichtung des eigenen Denkens ist, dass Sie nicht mehr alles kritiklos akzeptieren, sondern sich gezielt mit Sachverhalten auseinandersetzen und alles hinterfragen, und auf diesem Weg "Chef Ihres Denkens" werden. Dies bedeutet nicht, dass Sie sofort alle Hintergrundinformationen zur Hand haben und alle Wahrheiten kennen, denn dies ist (leider) gar nicht möglich. Es bedeutet aber, dass Sie sich sehr bewusst darüber sein werden, dass Sie in einer Matrix leben, die darauf aus ist, "gleichdenkende Konsumroboter" zu produzieren, die alles glauben und aufsaugen, was man Ihnen auf vielfachen Wegen suggeriert, z.B. über jede Menge Werbung.

Sie erkennen mit Ihrem neuen Denken, dass Sie Ihren Weg daraus finden können, weil Sie nun alles hinterfragen, ggfs.

überprüfen und nichts mehr einfach als "wahr schlucken" und willenlos akzeptieren, sondern endlich wieder selbst denken und Ihre Schlüsse ziehen.

Ich möchte Sie nachdrücklich ermuntern, auch diesbezüglich einen ersten Schritt zu wagen, dann den zweiten, dritten usw. Es ist nach meiner Erfahrung befreiend, gegen den Strom zu schwimmen, weil das Wasser immer klarer wird, je näher man zur Quelle vordringt.

➢ Denken Sie selbst! Hinterfragen Sie, akzeptieren Sie nichts als wahr und gegeben, sondern werden Sie sich bewusst, dass nur Sie selbst "Chef Ihres Denkens" sind. Haben Sie Mut und gehen Sie Ihren Weg zur Quelle.

6.2. Eigene Verantwortung erkennen und leben

Der große Vorteil, der sich jetzt für Sie als Leser dieses Buches ergibt, ist, dass Sie es in der Hand haben, Ihr Leben neu zu gestalten. Der große Nachteil dieses neuen Wissens ist, dass Sie nun (leider) die Verantwortung für alles, was sich in Ihrem Leben manifestiert, übernehmen müssen. Die Verantwortung liegt zu 100% bei Ihnen. Es gibt keine "Schuld" im Außen, bei den Eltern, auf Grund der Herkunft, der Berufsausbildung, den Umständen usw.

Das, was Sie denken, manifestiert sich, ähnlich wie in Ghostbusters I, als Dr. Raymond „Ray" Stantz (Dan Aykroyd) an das immer liebe und nette Marshmallow-Männchen gedacht hat, als Gozer, der Vernichter, die Protagonisten aufforderte, eine Wahl für ihren "Vernichter" zu treffen.

Da Sie nun wissen, dass alles, was Ihnen widerfährt und alles, was Sie erleben, in Ihnen bzw. in Ihrem Denken und Glauben seinen Ursprung hat, ist es an Ihnen, das Beste aus diesem Wissen zu machen. Sie haben alles in der Hand.

Ich wiederhole nochmal einen zentralen Punkt des bisher von Ihnen Gelesenen. Wenn Sie mir bis hierhin inhaltlich gefolgt sind und mit mir darin übereinstimmen, dass Sie mit Ihrem Denken, Glauben und Fühlen Ihre Realität mitgestalten, dann werden Sie nie wieder die Verantwortung für Ihr Leben im Außen suchen, sondern sich Ihrer persönlichen Verantwortung für alles Erlebte bewusst sein und bleiben.

Was sich in Ihrem Leben ereignet, ist das eine, wie Sie damit umgehen das andere. Wenn Sie andere oder die Umstände für Ihre Lage und Ihr Erlebtes verantwortlich machen, sitzen Sie in der Falle. Ihrem Leben eine andere Richtung geben können nur Sie, wenn Sie die Verantwortung für Ihr Leben und Ihr Glück übernehmen. Das Größte, was Sie verinnerlichen können, ist zu erkennen, dass das Schöpferische in Ihnen wohnt und zu lernen, damit positiv-konstruktiv umzugehen.

Der Vorteil ist, wenn Sie wissen, dass Sie für alles in Ihrem Leben verantwortlich sind und Sie dies durch Ihr Denken verursachen, dass Sie dadurch das Bewusstsein für die Möglichkeit haben, es jederzeit ändern zu können.

Sobald Sie anerkennen, dass Sie alles in Ihrem Leben durch Ihr Denken verursacht haben, werden Sie nicht mehr über Probleme jammern, sondern Ihr Denken und Fühlen in Harmonie bringen und neu ausrichten. Herzlichen Glückwunsch, Sie sind somit endlich in der Position des Handelnden und nie mehr in der Sackgasse eines Opfers. Werfen Sie einfach in Ihr Herz in die richtige Richtung und gehen Sie hinterher.

- Erkennen Sie Ihre Verantwortung und Ihre Position als Handelnder und leben Sie diese Verantwortung.

6.3. Weisheit des „Papa"

Ich bin fest davon überzeugt, dass sich jede „Anstrengung" auf Ihrem neuen Weg lohnt. Ich wiederhole nochmal meine „Weisheit des Papa", die ich an der Wand im Zimmer meines Sohns befestigte, und die Sie bitte zu verinnerlichen und sich möglichst selbst an mehreren Stellen Ihrer Wohnung oder Ihres Hauses aufzuhängen, damit Sie möglichst oft daran erinnert werden.

- NUR ICH bin verantwortlich für meine Gedanken.

- NUR ICH bin verantwortlich für meine Worte.

- NUR ICH bin verantwortlich für meine Gefühle.

- NUR ICH bin verantwortlich für meine Überzeugungen.
- NUR ICH bin verantwortlich für meine Entscheidungen.

- NUR ICH bin verantwortlich für mein Handeln.
- NUR ICH bin verantwortlich für meine Gewohnheiten.
- NUR ICH bin verantwortlich für meine Eigenschaften.
- NUR ICH bin verantwortlich für meinen Charakter.
- NUR ICH bin verantwortlich für meine Realität.
- NUR ICH bin verantwortlich für mein Schicksal.
- NUR ICH bin verantwortlich für mein Leben.
- NUR ICH bin verantwortlich für MICH.

6.4. Erkennen Sie Ihre Berufung und folgen Sie Ihrem Lebensweg

Als weiteren Baustein für ein erfolgreiches Denken muss man berücksichtigen:

- Wenn man nicht im Fluss des Lebens denkt, wird das Unterbewusste für Blockaden und Widerstände sorgen.

Wenn Sie sich nicht auf "Ihrem Lebensweg" befinden, Ihrer Bestimmung folgen und das tun, was für Sie genau richtig ist, dann werden Sie keinen Erfolg haben bzw. zumindest nicht den Erfolg fühlen, den Sie fühlen könnten, wenn Sie genau Ihrer Lebensbestimmung entsprechen.

Ich bin sicher, dass jeder Mensch schon mal bewusst das Gefühl verspürt hat, in einem bestimmten Moment genau das Richtige zu tun, genau am richtigen Platz zu sein und zu wissen, dass sich genau dieser Moment zu 100% richtig anfühlt. Dieses Gefühl schafft eine tief empfundene Zufriedenheit, ein glücklich sein, ein "eins sein" mit allem, das man schwer in Worte fassen kann.

Demgegenüber wird aber, da bin ich mir gleichfalls sicher, jeder schon mal das Gefühl gehabt haben, dass sich zwar ein großer Erfolg eingestellt hat, z.B. ein Sieg bei einem Wettkampf oder ein gutes Geschäft hat geklappt, aber trotzdem hat man damit kein gutes Gefühl in der Bauchgegend. Irgendetwas "grummelt" im Bauch, eigentlich ist man nicht glücklich und zufrieden, etwas passt nicht.
Was ist dann genau richtig für das eigene Leben und das eigene Bauchgefühl? Wie erkennt man dies? Was kann man tun, um seiner Bestimmung zu folgen? Wie lernt man, richtig zu denken, damit sich genau das manifestiert, was für das eigene Leben richtig ist und trotzdem den eigenen Wünschen entspricht?

Um zu erkennen, was man wirklich-wirklich-wirklich will, hilft die Relevanz-Pyramide, deren Funktionsweise ich nochmalig im nächsten Kapitel erläutere. Daneben kann eine Hypnose ein zielführendes Hilfsmittel sein, darauf gehe ich in einem späteren Kapitel ein.

- Seien Sie offen und bereit, Ihren Lebensweg und Ihre Lebensaufgabe anzunehmen. Dies führt nicht nur zu einem tiefen Gefühl von Zufriedenheit und Ruhe, sondern erleichtert Ihnen massiv, Ihre Herausforderungen zu bewältigen und Ihre Ziele zu erreichen.

6.5. Relevanz-Pyramide

Ein ganz wichtiger Satz für Ihr Leben lautet:

- Sie müssen wissen, was Sie wirklich-wirklich-wirklich wollen.

Um dies herauszufinden, hilft mein Konzept der Relevanz-Pyramide: Schreiben Sie sich bitte auf, was Sie „alles" wollen. Alles, was Ihnen einfällt. An dieser Liste werden Sie sicher ein paar Stunden sitzen müssen, weil Ihnen immer wieder etwas einfallen wird, an das Sie nicht sofort denken, was Ihnen aber beim Nachdenken, ggfs. in einer meditativen Phase, bewusst wird.

Diese „Wünsche" schreiben Sie auf kleine Zettel, auf jeden Zettel einen Wunsch. Vielleicht haben Sie dann hundert kleine Zettel mit jeweils einem Wunsch?

Nun legen Sie Sie jeweils zwei Wünsche nebeneinander und fühlen in sich hinein, was Ihnen wirklich wichtig davon ist. Den wichtigeren Wunsch legen Sie nach oben in Ihre gedachte Pyramide, den weniger wichtigen Wunsch eine Stufe tiefer.

So gehen Sie mit jedem Wunsch vor. Die jeweils wichtigeren Wünsche legen Sie weiter nach oben, die etwas weniger wichtigen Wünsche weiter nach unten. Wenn Ihnen Wünsche gleich wichtig sind, legen Sie diese Zettel nebeneinander hin.

Sie werden nach einiger Zeit, vielleicht sitzen Sie sogar Stunden an diesen Gegenüberstellungen, eine Relevanz-Pyramide erhalten. Das, was Ihnen wirklich–wirklich–wirklich wichtig ist, steht ganz oben. Die nun offenbar etwas weniger wichtigen Wünsche eine Stufe oder auch zwei Stufen darunter. Und die Wünsche, die Sie anfänglich als ebenfalls wichtig erachtet hatten, finden sich plötzlich in den unteren Reihen wieder.

Sie werden feststellen, dass die Verteilung Ihrer Wunsch-Relevanz dem Bild einer Pyramide ähnelt. Ganz oben ist der zentrale Wunsch Ihres Lebens, z.B. Ihre Lebensbestimmung zu erkennen, und darunter finden sich abgestuft immer mehr Zettel, je weniger relevant diese Wünsche für Sie sind. Und womöglich ist das, was Ihnen spontan als erstes eingefallen ist, in Wirklichkeit eher unwichtig, z.B. ein neues Auto.

Diese Relevanz-Pyramide halte ich deshalb für wichtig, weil Sie sich, sobald Sie sich über Ihre wirklichen Wünsche im Klaren sind, auf das fokussieren "können", was Ihnen wirklich-wirklich-wirklich wichtig ist, und alles das, was ganz offenbar Ihre Gedanken beschäftigt, aber tatsächlich von untergeordneter Bedeutung für Sie ist, zur Seite legen können. Wie anders soll es Ihnen möglich sein, tatsächlich das in Ihr

Leben zu ziehen und zu manifestieren, was für Sie tatsächlich wichtig ist, wenn Sie sich darüber gar nicht im Klaren sind, sondern Sie Ihren Kopf zusätzlich noch mit allem möglichen Ballast beschäftigen? Darum nochmals:

➢ Sie müssen wissen, was Sie wirklich-wirklich-wirklich wollen.

6.6. Entscheiden Sie sich

Sie haben in meinen Augen das große Glück, an einem Punkt angelangt zu sein, an dem Sie eine Entscheidung für Ihr Leben treffen können. Bereits jetzt können Sie eine Entscheidung treffen. Meine Empfehlung lautet:

➢ Entscheiden Sie sich, nicht nur Ihre Verantwortung für alles, was in Ihrem Leben passiert, anzuerkennen, sondern auch Ihr Denken fokussiert auf das Positive und Gute, was Sie wirklich wollen, auszurichten und das Heft des Handelns in Ihren Händen zu behalten. Entscheiden Sie sich unter diesem Blickwinkel für Frieden, Harmonie, Güte, Freude, Glück und vor allem Liebe und Vertrauen. Lassen Sie immer das Gute in sich entscheiden und überlassen Sie niemals Dritten oder äußeren Umständen die Entscheidung. Das Gute entscheidet nicht für Sie, sondern durch Sie. Entscheiden Sie sich bewusst dafür, ein Glücks- und Erfolgsmagnet zu sein.

Wer keine Entscheidungen trifft, darf sich nicht wundern, wenn andere die Entscheidungen für ihn treffen. Wer sich nicht entscheidet, hat sich entschieden, andere entscheiden zu lassen, nämlich den Durchschnitt, das Massenbewusstsein. Wollen Sie das? Oder sind Sie bereit, Ihre Verantwortung anzuerkennen, anzunehmen und zu leben?

Wenn Sie nicht handeln, werden Sie behandelt. Setzen Sie sich ans Steuer Ihres Lebens, lassen Sie Ihren inneren Motor an, geben Sie Gas und fahren Sie in Ihre gewünschte Richtung los. Nur dann können Sie tatsächlich Ihr eigenes Ziel erreichen. Alles, was Sie denken und fühlen, ist Ihnen möglich, es ist nur eine "Sünde", gegen diese Lebensgesetze zu verstoßen.

Sie müssen übrigens nicht von sich erwarten, sofort alles richtig zu machen. Niemand ist perfekt. Das Leben verzeiht Fehler und ist nicht nachtragend. Sie können sich jeden Tag entscheiden und Ihr Bewusstsein neu ausrichten. Wo ein Wille ist, da ist auch ein Weg. Immer. Das Glück liebt die "Macher". Ist das nicht eine hervorragende Perspektive?

Wichtig ist nur, dass Sie sich entscheiden, denn wie jede Reise mit einem ersten Schritt beginnt, ist auch Ihre bewusste Entscheidung, wie Sie Ihr Leben nun in voller Verantwortung leben möchten, ein erster Schritt. Nur was Sie vor sich herschieben oder aufschieben, wird größer und übermächtig, ähnlich wie eine Schneekugel im Schnee.

Und denken Sie vor allem daran, so banal es sich auch anhören mag:

- Jede Entscheidung kann sich später als "richtig" oder "falsch" herausstellen, keine Entscheidung ist jedoch immer falsch.

6.7. Körperreisen

Ein sehr effektives Hilfsmittel bei dem Ziel, den Körper bei der Heilung zu unterstützen, kann es sein, Körperreisen zu unternehmen. Eine solche Reise ist vergleichbar mit einer Meditation, nur dass Sie sich weniger auf Ihren Atem o.ä. konzentrieren, sondern sich in einer tiefen Entspannung auf eine Gedankenreise durch Ihren Körper machen.

Auch bei dem Siegersystem-Konzept können Körperreisen zum Erfolg beitragen. Sehr häufig, um nicht zu sagen fast immer, fühlt man "Baustellen" und "Blockaden" irgendwo im Körper. Negative Gedanken und Gefühle, die einem Erfolg im Wege stehen, können nach meiner Erfahrung fast immer körperlich "festgemacht" werden, d.h. man spürt, wo sich ein Gedanke oder ein Gefühl im Körper "aufhält".

Wenn man somit in der Lage ist, einen negativen Gedanken oder ein negatives Gefühl im Körper zu verorten, dann ist es nach meiner Erfahrung auch möglich, sich gedanklich an diese Stelle im Körper zu begeben, also eine Körperreise zu unternehmen, um sich "vor Ort" die Situation, die mit diesen negativen Gedanken und Gefühlen zusammenhängt, "anzusehen" bzw. besser, diese "Bauchgefühle" bzw. "körperlichen

Begleiterscheinungen" detailliert zu betrachten und zu analysieren, um sie bewusst wahrzunehmen und im zweiten Schritt "verabschieden" zu können.

Legen Sie sich entspannt hin, sorgen Sie für Ruhe und eine entspannte Atmosphäre und beginnen Sie, in Gedanken von Kopf bis Fuß Ihren Körper zu "durchschwimmen" oder zu "durchwandern". "Schauen" Sie sich in Gedanken alle Organe, Arterien, Venen, Nerven usw. in Ruhe an und warten Sie auf Bilder Ihres Unterbewussten. Sie werden, je öfter Sie diese Körperreisen unternehmen, immer konkretere Hinweise Ihres Unterbewussten erhalten, an welchen Stellen "etwas nicht stimmt" bzw. welche Körperstellen mit Ihren Gedanken und Gefühlen resonieren.

➢ Unternehmen Sie ab sofort Körperreisen, sobald Sie ein Gefühl körperlich verorten können. Nach Ihrer Körperreise machen Sie sich bitte Notizen zu allem, was Sie "gesehen" haben bzw. zu den Bildern, die Ihnen Ihr Unterbewusstes geschickt hat. Beschreiben Sie das "Gesehene" und Gefühlte so genau wie möglich und heften Sie sich Ihre Notizen für eine spätere Überprüfung ab.

6.8. Aktivieren Sie Ihre Zirbeldrüse

In Band 1 habe ich dargelegt, was die Zirbeldrüse ist bzw. welche Bedeutung ihr u.a. zugeschrieben wird. Nun empfehle ich Ihnen, Ihre Zirbeldrüse zu aktivieren. Was verstehe ich darunter? Was verursacht überhaupt eine Blockade der Zirbeldrüse?

Die Zirbeldrüse wird u.a. betrachtet als eine spirituelle Antenne, als Ihre Brücke zwischen zwei Welten, nämlich der physischen und der metaphysischen Welt. Die Zirbeldrüse soll dafür verantwortlich sein, dass man mystische und luzide Traum-Erfahrungen haben kann, die wesentlich für eine spirituelle Entwicklung sein sollen.

Kinder scheinen deutlich intuitiver und von Natur aus spiritueller zu sein, als Erwachsene. Man scheint im Laufe des Erwachsenwerdens die Intuition etwas zu "verlernen" oder zu verlieren. Zurückgeführt wird dies oftmals auf eine "Verkalkung" der Zirbeldrüse, u.a. durch

- Fluorid in Zahnpasta und im Wasser
- verarbeitete „Junk"-Lebensmittel
- Limonade und andere kohlensäurehaltige Getränke
- raffinierter Zucker, Fette, Mehl
- beschränkte Glaubenshaltungen
- Mangel an spiritueller Praxis

Um die Zirbeldrüse zu aktivieren, werden u.a. folgende Schritte empfohlen:

Schritt 1: Verzicht auf Fluorid

Fluorid ist der größte Feind der Zirbeldrüse! Es ist harmlos in sehr geringen Mengen – tatsächlich kommt es natürlich im Wasser vor. Allerdings ist das Fluorid z.B. in unserer Zahnpasta in übertrieben hohen Dosen enthalten. Die Zirbeldrüse fungiert wie ein Fluorid-Staubsauger, deshalb findet man in der Zirbeldrüse die höchste Fluorid-Konzentration im menschlichen Körper, was die primäre Ursache einer Zirbeldrüsen-Verkalkung ist. Man fragt sich, was der Sinn dahinter sein kann.

Der wichtigste Schritt, die Zirbeldrüse zu schützen, ist es deshalb, die Fluorid-Aufnahme zu minimieren, z.B.

- nur natürliche, nicht fluoridhaltige Zahnpasta nutzen und Fluorid-Gel-Behandlungen beim Zahnarzt ablehnen
- nur gereinigtes oder gefiltertes Wasser trinken
- möglichst frische Bio-Lebensmittel essen
- verarbeitete Getränke wie Limonaden, Fruchtsaftgetränke, Instant-Tees und Sportgetränke vermeiden
- Keine Antihaft-Pfannen nutzen
- möglichst Weine aus Bio-Anbau trinken (weniger Pestizide)

- verarbeitete Fleischwaren (z.B. Industrie-Würstchen, Chicken Nuggets) vermeiden

- Tees, die aus jungen Blättern hergestellt werden (z.B. „Weißer Tee") oder Yerba Matte, sind besonders zu empfehlen

- Kalzium als Nahrungsergänzung vermeiden, da es insbesondere die Zirbeldrüse verstopfen soll

Schritt 2: Den Körper reinigen

Die Reinigung des Körpers ist ein weiterer wichtiger Schritt zur Aktivierung der Zirbeldrüse. Ziel ist die Entfernung des Fluorids, das sich bereits im Laufe der Jahre angesammelt hat.

- Studien sollen belegen, dass die Tamarinde hocheffektiv im Entfernen von Fluoriden aus dem Körper wirken und sogar das in den Knochen abgelagerte Fluorid mobilisieren kann, welches dann über den Urin ausgeschieden wird.

- Borax (Bor) ist ein weiteres, bekanntes Mittel gegen Fluoridbelastung. Ein Teelöffel Borax in einem Liter Wasser kann in kleinen Mengen über den Tag eingenommen werden.

- Eine Leberreinigung kann Schwermetalle und zahlreiche Giftstoffe, einschließlich Fluorid, aus unserem Körper entfernen.

- Sauna oder eine Schwitzhütten-Zeremonie wirken sehr gut für das Entfernen von Fluorid und anderen Giftstoffen aus (über) der Haut, da es über den Schweiß ausgeschieden wird.

Schritt 3: Spirituelle Praxis

- Meditieren: Es gibt eine Reihe von Meditationen, die Sie anwenden können, um Ihre Zirbeldrüse zu erreichen. Hierzu gibt es im Internet viele Empfehlungen.

- Atmen durch das dritte Auge ist eine weitere Technik, die Sie einsetzen können, um Ihre Zirbeldrüse zu aktivieren. Auch hierfür empfehle ich bei Interesse eine Internetrecherche.

- Sogar nur das Bewusstsein auf das dritte Auge zu richten, kann bei der Stimulierung der Zirbeldrüse helfen.

- Die Zirbeldrüse kann auch durch Kundaliniyoga aktiviert werden. Die Kundalini-Energie wird durch das Symbol der Schlange dargestellt. Die Idee hinter Kundaliniyoga und Meditation ist ein allmählicher Energieaufbau, der helfen soll, die Chakren auf natürliche Weise eines nach dem anderen zu aktivieren.

- Empfohlen wird oftmals der Einsatz von Edelsteinen und Kristallen, z.B. Lapislazuli, Saphir oder Sodalith. Weitere Infos finden man ebenfalls im Internet.[7]

---

[7] http://transinformation.net/die-aktivierung-deiner-zirbeldruese/

➢ Welchen Weg Sie wählen bzw. welche Schritte Sie unternehmen, um Ihre Zirbeldrüse zu aktivieren, bleibt Ihnen überlassen. Ich empfehle nur, es tatsächlich zu tun.

6.9. Denkmuster erkennen und positiv ausrichten

Ich unterscheide insbesondere zwischen den Richtungen:

- problemorientiertes Denken
- lösungsorientiertes Denken

Beide Denkmuster werden bereits früh in der Kindheit "gelernt" und im Unterbewussten festgelegt. Eine nachträgliche Veränderung dauert nach meiner Erfahrung lange und bedarf einer konzentrierten Anstrengung und Selbstfokussierung.

Das problemorientierte Denken sieht in jeder Herausforderung erst einmal die Schwierigkeit, das Problem, ein Hindernis, evtl. sogar die Unmöglichkeit einer Lösung.

➢ Problemorientierung: Was fehlt? Was geht nicht?

Das lösungsorientierte Denken nimmt eine Herausforderung als Chance an, sucht sofort nach Lösungsmöglichkeiten und schafft unverzüglich Voraussetzungen für Lösungsansätze.

- Lösungsorientierung: Was hilft? Was führt zum Vertrauen?

Je lösungsorientierter man ist, desto mehr ist man bereit, auf das Machen eigener Fehler zu verzichten, sondern stattdessen von anderen zu lernen. In meinen Augen ist dieser Weg höchst sinnvoll. Was meinen Sie?

Übrigens: Das Beschreiben eines Problems verstärkt das Problem, genauso wie Selbstmitleid das negative Gefühl und damit die als negativ empfundene Situation verstärkt. Allerdings: Nicht die Deutung eines Ereignisses ist wichtig, weil eine Deutung immer subjektiv ist, sondern nur das Ereignis selbst. Diese Betrachtung von Situationen und Erlebtem muss vielfach erst gelernt werden, aber ich bin sicher, dass sich dieser Aufwand lohnt.

Ich bin absolut davon überzeugt davon, dass sich "alles findet", wenn man mutig und zuversichtlich sein wirkliches Ziel verfolgt und seinen Idealen treu bleibt. Man darf sich dabei von niemanden, z.B. von den altbekannten Bedenkenträgern, von seinem wahren Ziel abbringen lassen.

Egal welches Denkmuster vorherrscht, das Ergebnis wird das jeweilige Denkmuster bestätigen. Darum:

- Achten Sie auf Ihre Denkmuster. Erkennen Sie, wenn Sie negativ oder problemorientiert reagieren und denken, und fordern Sie sich ab sofort bewusst auf, nur noch positiv zu reagieren und lösungsorientiert zu denken. Achten Sie kontinuierlich auf Ihre Reaktionen und Gedanken und disziplinieren Sie sich, so oft und nachhaltig es geht. Sie werden sehen, dass es Ihnen im Laufe der Zeit immer leichter fällt, Denkmuster zu erkenne, sowie positiv und lösungsorientiert "umzudenken".

6.10. Mangelbewusstsein erkennen und umlernen

Die im vorherigen Kapitel aufgeführte Empfehlung ist für das Verstehen des Folgenden wichtig. Denn nur, wenn Sie auf Ihre Denkmuster achten, werden Sie Ihr Denken neu ausrichten können, um keinesfalls ein Mangelbewusstsein beizubehalten. Nochmals zu Erinnerung:

➢ Mangelbewusstsein bedeutet, sich nicht auf die Fülle zu fokussieren, die Ihnen zur Verfügung steht, sondern über das nachzudenken, das Sie gerade nicht "haben".

Bitte überprüfen Sie Ihre Gedanken, ob Ihnen von dem Folgenden etwas bekannt vorkommt:

- "Sobald ich groß bin, suche ich mir eine eigene Wohnung."
- "Ich will unbedingt das neueste Handy haben."
- "Ich will ein neues Auto kaufen, der Nachbar hat auch eins gekauft."

- "Sobald wir das Geld dafür haben, fahren wir in den Urlaub."

- "Ich suche die perfekte Frau (bzw. den perfekten Mann) für mich und habe genaue Vorstellungen."

- "Sobald ich genug Geld habe, mache ich ...."

Fällt Ihnen etwas auf? Alle diese Gedanken richten sich auf etwas, was Sie nicht haben, aber haben wollen, und zeugen somit von einem Mangelbewusstsein. Was glauben Sie, was Sie mit diesem Mangelbewusstsein in Ihr Leben ziehen? Wahrhafte Fülle oder eben gerade das, was Sie nicht wollen, nämlich Mangel?

Ein Mangelempfinden entsteht bei einem Ungleichgewicht von Wunsch und Erfüllung. Betteln und Flehen zeigen insbesondere ein ausgeprägtes Mangelbewusstsein. Man verstärkt damit aber leider genau das, was man eigentlich ausmerzen möchte. Wie Sie dies vermeiden und positiv substituieren können, wird im weiteren Verlauf des Buches erklärt, nämlich als Teil des Siegersystems.

Was wir als Mangel denken und fühlen, ziehen wir an. Bei Nahrung ziehen wir z.B. an, was wir damit verbinden. Wenn man an Mangel während des Essens denkt, wird der Körper "natürlich" darauf so reagieren, dass er den Mangel zu vermeiden sucht. Genau darum wirken Diäten, die mit einem Mangeldenken verbunden sind, komplett kontraproduktiv.

Darum achten Sie ab sofort nicht nur darauf, negative und problemorientierte Denkmuster, sondern möglichst jede Art von Mangelbewusstsein zu vermeiden.

- Denken Sie niemals "Ich hätte gern ...", "Ich würde ...", "Sobald ich ..." usw., sondern denken und fühlen Sie alles, als wenn Sie das Gewünschte schon hätten und danken Sie für die Erfüllung und das damit verbundene positive Gefühl. Ausschließlich und immer, achten Sie auf Ihr Denken und disziplinieren Sie sich.

6.11. Selbstvertrauen und Selbstliebe zulassen

Johann Wolfgang von Goethe meinte zum Thema Selbstvertrauen:

- „Sobald du dir vertraust, sobald weißt du zu leben."

Nach der oben aufgeführten Beschreibung müssten somit alle Menschen, die den Eindruck machen, dass sie sich etwas zutrauen und Herausforderungen annehmen. Etwas Substanzielles fehlt mir in dieser Beschreibung jedoch.

- Selbstliebe ist Voraussetzung für Selbstvertrauen (kein gespieltes Selbstvertrauen) = Gelassenheit (in sich ruhen)

Wie soll es tatsächlich möglich sein, sich selbst und seinen Fähigkeiten aufrichtig und unbeirrbar zu vertrauen, wenn man sich nicht selbst liebt? Dieser Punkt kommt mir bei der Betrachtung viel zu kurz.

Denn auch Menschen, die sich gar nichts selbst aufrichtig lieben, können absolut selbstvertrauend "erscheinen". Beschränkte Selbstliebe ist jedoch immer auf der Suche nach Bestätigung (was für alle Beteiligten anstrengend ist) und führt zu Eifersucht, Jähzorn, Misstrauen, Egoismus und Machtgier.

Nur durch echtes Vertrauen (insbesondere in und zu sich selbst) mit wahrer Selbstliebe kann man Erfolg haben und eigene Ziele erreichen, anstatt fremden Zielen ungewollt nach zu laufen. Dabei lohnt es sich, Grenzen und Beschränkungen zu erleben, denn nur dann kann man Grenzen überwinden, über sich hinauswachsen und Neues lernen.

Das Spannende an dieser Überlegung ist, dass ich davon überzeugt bin, dass in jedem Menschen ein Genie schlummert, das nur erkannt und geliebt werden will. Ich verweise an dieser Stelle an das Gleichnis vom Senfkorn in den Evangelien im Neuen Testament nach Matthäus (Mt 13,31–32 EU), Lukas sowie Markus (Mk 4,30–32 EU). Auch in Ihnen steckt viel mehr, als in einem Senfkorn.

Sobald Sie erkannt haben und daran glauben und darauf vertrauen, was wirklich in Ihnen steckt, wird etwas Besonderes mit Ihnen geschehen. Echte Selbstliebe und wahres Selbstvertrauen werden Ihre Strahlkraft zum Leuchten bringen. Das nennt man dann Ausstrahlung oder Charisma.

Mit Hilfe des Siegersystem-Konzepts wird es Ihnen, dessen bin ich mir sicher, möglich sein, Ihr Selbstvertrauen und Ihre Ausstrahlung zu stärken. Und dann:

➢ Erkennen und akzeptieren Sie Ihr "wahres Ich" und seien Sie ein leuchtendes Beispiel und Vorbild!

6.12. Erkennen und Umformulieren von Glaubenssätzen

Ich komme nochmal auf das Thema Glaubenssätze zurück und zitiere die Ihnen bereits bekannten Beispiele, um Ihnen dieses wichtige Wissen ins Gedächtnis zu rufen. Einige Glaubenssätze, die Sie in Ihrem Leben gelernt haben, habe ich bereits aufgeführt. Halten Sie es für denkbar, dass sich Ihr komplettes Leben und Denken um Glaubenssätze dreht, die ggfs. zu Blockaden führen. Das halten Sie für übertrieben? Dann überlegen Sie sich bitte, ob Sie schon mal folgende Situationen (oder etwas Vergleichbares) erlebt haben, entweder bei sich selbst oder bei Dritten:

Kindergarten	Fast alle Kinder spielen miteinander. Nur ein Kind darf nicht mitspielen und bleibt außen vor. Es verinnerlicht, bei den anderen nicht erwünscht zu sein.
Kinderzimmer	Das Kinderzimmer des Bruders oder der Schwester ist aufgeräumt, das eigene Kinderzimmer ein Tohuwabohu. Die Mutter

	schenkt nur dem Bruder oder der Schwester ein Eis. Das Kind registriert, die Mama hat mich weniger lieb.
Einschulung	Alle anderen Kinder haben größere Schultüten. Das Kind mit der kleineren Schultüte verinnerlicht, dass alle anderen Kinder mehr wert sind oder mehr geliebt werden.
Schule	Alle anderen Kinder schreiben gute Noten, so scheint es. Das Kind mit den schlechteren Noten verinnerlicht, dumm zu sein und bekommt die Bestätigung z.B. vom Lehrer.
Clique	Alle Kumpels haben ein Mofa. Der/Die Jugendliche ohne Mofa gehört irgendwie nicht dazu und hat das Gefühl, irgendetwas tun/beweisen zu müssen, um trotzdem akzeptiert zu werden.

Diese Beispiele kann ich in beliebiger Stückzahl aufführen, wobei diese Beispiele wahrscheinlich ausreichen, um den Kern zu erkennen. Wichtig zu verstehen ist, dass es nicht möglich ist, ohne Glaubenssätze aufzuwachsen bzw. zu leben. Es ist wirklich nicht möglich. Jeder, absolut jeder Mensch, hat Situationen erlebt, die er anders interpretiert und verinnerlicht hat, als sie womöglich gemeint waren und von anderen Betrachtern bewertet werden würden. Ganz sicher passiert dies jeden Tag immer wieder, wobei die Relevanz im Normalfall mit zunehmendem Alter abnimmt.

Ärgerlich ist, dass man sich an "falsche" und "negative" Denkmuster gewöhnen kann. Wenn man tausend Mal gehört hat „Du kannst das nicht", dann wird man dies irgendwann für „wahr akzeptieren". Wenn man in der Folge etwas erlebt, was dieses unterbewusste Denkmuster bestätigt, dann wird man dieses Muster nicht mehr hinterfragen, sondern „Na klar, so ist das eben" denken.

Um etwas Entgegengesetztes erreichen zu können, also etwas, was diesem "falschen" Glaubenssatz widerspricht, muss man den "falschen" Glaubenssatz auflösen. Ansonsten wird das eigene Unterbewusste immer wieder die Programmierung dahingehend interpretieren, dass das „neue Ziel" eigentlich nicht geglaubt wird, also nicht erreicht werden will. Man muss unweigerlich die in den meisten Fällen kindlichen Sabotageprogramme löschen, bevor überhaupt neue Wege erfolgreich beschritten werden können.

An dieser Stelle muss ich Sie darauf aufmerksam machen, dass Sie mit dem Lesen dieses Buches ein Problem für sich geschaffen haben. Sie haben nämlich nun nicht mehr die Möglichkeit, Ihre Probleme im Außen zu suchen, z.B.

- „Meine Eltern sind schuld."
- „Meine Lebensstartbedingungen waren schlecht."
- „Meine Schulausbildung reicht nicht."
- „Ich habe nicht das richtige Umfeld."

- „Ich bin zu groß, zu klein, zu dick, zu dünn usw."

Alle Ausreden, die Sie bisher für sich bzw. Ihre Umstände herangezogen haben, sind inzwischen für Sie hinfällig. Es war und ist komplett alles nur vorgeschoben.

Dafür haben Sie aber jetzt die Möglichkeit und die Freiheit, Ihre Glaubenssätze zu hinterfragen und neu zu gestalten. Hierfür formulieren Sie ein positives Pendant zu jedem Glaubenssatz, natürlich ohne eine Verneinung o.ä. Ein paar Beispiele:

Meine Eltern hatten keine Zeit für mich.	Meine Eltern haben sich für mich immer genau die Zeit genommen, die Sie ermöglichen konnten.
Wir hatten immer wenig Geld und mussten fortwährend sparen, um überhaupt über die Runden kommen zu können.	Wir hatten immer genau das Geld, das wir brauchten, um gesund und auskömmlich leben zu können.
Ich war immer zu klein und schwächlich, um mich gegen Mitschüler durchsetzen zu können.	Ich hatte zu meiner Schulzeit immer den Vorteil, etwas kleiner als meine Mitschüler zu sein, weil ich dadurch flinker war.

Ich hatte keine Chance, Abitur zu machen, weil meine Eltern dagegen waren.	Ich habe eine tolle Schulausbildung genossen, die mir Möglichkeiten eröffnete, die Abiturienten nicht haben.
Meine Eltern haben mich immer bevormundet und mir sogar jeden Tag vorgegeben, wann ich zuhause sein sollte.	Meine Eltern haben sich immer viele Gedanken um mich gemacht und wollten, dass es mir gut geht und mir nichts passiert.

Absolut jeder negative Glaubenssatz kann positiv umformuliert werden. Es gibt in jeder erlebten Situation etwas Positives, und sei es nur, dass man daraus gestärkt hervorgegangen ist.

Diese positiv formulierten Gegenstücke zu Ihren negativen Glaubenssätzen werden Sie noch häufig benötigen und einsetzen. Allein schon dadurch, dass Sie sich Gedanken darüber gemacht haben, dass diese blockierenden Glaubenssätze eine positive Betrachtungsweise erfahren können, wird es in Ihrem Unterbewussten nun „arbeiten".

➢ Erstellen Sie eine Liste mit allen Ihren Glaubenssätzen. Richten Sie daneben - wie oben dargestellt - eine zweite Spalte ein und fügen Sie dort die positiv formulierten Gegenstücke ein. Diese zweite Spalte drucken Sie bitte aus und kleben, heften oder stellen Sie diese Liste an möglichst viele Stellen in Ihrer Wohnung oder

Ihrem Haus, damit Sie damit jeden Tag mehrfach "konfrontiert" werden. Löschen Sie aber bitte unter keinen Umständen diese Zwei-Spalten-Liste, denn Sie werden sie im Laufe der Zeit nahezu beliebig ergänzen können. So oft es Ihnen möglich ist, schauen Sie sich bitte "Ihre Glaubenssatz-Liste" an und ergänzen Sie sie mit allem, was Ihnen einfällt, jeweils mit einer positiven Umformulierung in Spalte 2. Sie werden erstaunt sein, wie lang Ihre Liste im Laufe der Zeit werden wird.

6.13. Ego erkennen und hinterfragen

Haben Sie sich schon mal gefragt, ob Ihnen vielleicht Ihr Ergo im Weg steht? Jetzt ist es an der Zeit. Die klare und eindeutige Antwort lautet nämlich:

- Ja!

Dieses "Ja!" ist insofern ärgerlich, als dass Sie nun vor der großen Aufgabe stehen, zu erkennen, wenn Ihnen Ihr Ego im Weg steht, und möglichst im gleichen Moment zu hinterfragen, warum Ihr Ego Ihnen im Weg steht.

Die das Leben evtl. erleichternde Nachricht ist, dass dieser Sachverhalt für jeden Menschen gilt und es von einem hohen Maß an Bewusstsein und Weisheit zeugt, wenn man das eigene Ego und dessen "Fallstricke" erkennt, hinterfragt und ggfs. sogar beiseiteschieben kann, wenn man sich in einer typischen "Ego-Situation" befindet.

Ich schließe mich bei diesem Lernprozess explizit mit ein. Ich bin beileibe nicht gegen "Ego-Fallen" geschützt. Ganz im Gegenteil erkenne ich immer öfter, dass mir mein eigenes Ego einen Streich spielt und mich nicht rational entscheiden lässt, sondern emotional, verärgert, verletzt usw. Das Positive daran ist jedoch, dass ich diese "Ego-Reaktionen" inzwischen erkennen und fast instantan hinterfragen kann.

Es reicht jedoch nicht, die eigenen "Ego-Fallen" zu erkennen, man muss auch lernen, sie zu überwinden. Dies klappt ganz sicher nicht von heute auf morgen, weder bei Ihnen, noch bei mir. Es ist aber nach meiner Einschätzung jedes Bemühen wert.

Sobald Sie erkannt haben, dass Ihnen Ihr Ego oftmals "Streiche spielt" und Sie Dinge tun lässt, die Sie hinterher bereuen, z.B. weil Sie verärgert waren oder emotional verletzt wurden, wird es Ihnen möglich sein, dass Sie Ihr Ego quasi als Außenstehender betrachten und überlegen und in sich hineinfühlen, warum Ihr Ego Sie zu einer (eigentlich ungewollten) Reaktion "getrieben" hat. Je öfter Sie in der Lage sind, sich bzw. Ihre Reaktion bzw. Ihr Ego zu hinterfragen und möglichst objektiv zu "bewerten", desto mehr werden Sie über sich selbst lachen. Glauben Sie mir, sobald ich heute Ego-Trips an mir selbst erkenne, z.B. weil mich meine Frau darauf aufmerksam macht, muss ich über mich selbst lachen, und meine Frau erkennt an meinem Grinsen, dass ich mich ertappt fühle.

Aus dem letzten Satz entnehmen Sie bitte, dass Ihnen das Erkennen von eigenen "Ego-Fallen" leichter fallen wird, wenn

Sie den Weg zu zweit gehen. Indem Sie von jemandem auf Ihre "Ego-Trips" aufmerksam gemacht werden oder Sie selbst jemanden auf dessen "Ego-Trips" hinweisen, wird der Lerneffekt nachhaltigen sein und sogar Spaß machen können.

Meine Frau und ich ticken diesbezüglich zum Glück sehr ähnlich. Wir brauchen uns inzwischen nur noch anzugucken, um zu wissen, was der andere denkt. Dann kommen Reaktionen wie "Ich weiß, ich weiß ..." oder "Ja, ja, Du hast recht ..." oder "Danke für den Hinweis ...".

Das Ganze mag sich im ersten Moment leicht erlern- und umsetzbar anhören, aber dies ist es (leider) nicht, zumindest war und ist dies bei uns nicht der Fall (gewesen). Anfänglich haben wir nämlich nicht einsichtig und positiv reagiert, sondern eher verärgert, weil wir uns "erwischt" fühlten. Aber mit zunehmender Lerndauer funktionierte auch dieser Lernprozess immer besser und macht inzwischen großen Spaß.

Wie schon eingangs erwähnt, das Siegersystem-Konzept erlernen Sie nicht durch das Lesen eines Buches, sondern durch fortwährendes Üben und selbstverantwortliches Disziplinieren.

➢ Achten Sie auf Ihr Ego, erkennen Sie Ihre Ego-Reaktionen und Ihre Ego-Fallen und lernen Sie, Ihr Ego beiseite zu schieben und zu überwinden. Auch wenn es anfänglich eine große Überwindung sein sollte, mit der Zeit wird es Ihnen leichter fallen.

6.14. Bleiben Sie ruhig und entspannt

Kenn Sie folgendes Sprichwort?

- Wer schreit, hat unrecht.

Die meisten Menschen kennen dieses Sprichwort, aber die wenigsten scheinen es sich zu Herzen zu nehmen. Wie oft erlebt man, wie sich Paare anschreien, wie der Chef den Mitarbeiter anbrüllt, wie Diskussionen zu verbalen Auseinandersetzungen eskalieren, selbst im Fernsehen bei politischen Diskussionen, zumindest nehmen diese Bezeichnung viele Talk-Shows für sich in Anspruch.

Der Hauptgrund scheint nach meiner Erfahrung zu sein, dass ein Schreiender das Gefühl hat, nicht ernst genommen zu werden und die eigene Meinung nicht auf vernünftigem Wege darstellen zu können bzw. glaubt, weniger wert zu sein und deshalb andere übertönen zu müssen. Letztendlich fußen nach meiner Einschätzung alle Verhaltensweisen, bei denen jemand meint, einen anderen fortlaufend unterbrechen und überschreien zu müssen, auf einem tiefen Gefühl von Minderwertigkeit.

Meine Empfehlung ist in solchen Fällen, ganz besonders ruhig und zurückhaltend zu bleiben und den "Schreihals" zu fragen, wann es ihm wohl möglich sein wird, weder zu unterbrechen, noch zu schreien, damit man sich sachlich und friedlich über ein Thema austauschen kann. Zur Not kann man auch darauf hinweisen, dass ein Unterbrechen unhöflich und ein Anschreien nie ein Zeichen von Stärke ist. Wenn selbst das nicht hilft, ist eine zielführende Diskussion praktisch ausgeschlossen, was man auch deutlich kommunizieren kann und sollte.

➢ Bleiben Sie in allen Situationen und Lebenslagen ruhig und entspannt. Üben Sie Ihr neues Denken nach Möglichkeit in jeder Situation, bei der Sie an sich erkennen, dass Sie verärgert reagieren und ggfs. laut werden. Versuchen Sie dann, sich bewusst zu disziplinieren. Ich empfehle Ihnen, nach einer erfolgreich gemeisterten Situation das Erlebte mitsamt Ihrem "neuen" Verhalten zu notieren und das Niedergeschriebene in Form kleiner Zettel im Haus zu verteilen. Das Lesen Ihrer Erfolge wird Ihnen jedes Mal mehr Kraft geben, diesen neuen Weg zu gehen und als Siegertyp wahrgenommen zu werden..

6.15. Sprechen Sie demütig und bescheiden

Haben Sie schon mal erlebt, dass jemand, der sich überhöht, der sich für das Nonplusultra hält und der vor Egozentrik kaum noch laufen kann, bei anderen Menschen sympathisch ankommt und positiv wahrgenommen wird? Ich nicht.

Ganz im Gegenteil habe ich hundertfach erleben dürfen, dass man besonders wohlgefällig gewirkt hat, wenn man sich selbst zurückgenommen und das Gegenüber als etwas Besonderes hat dastehen lassen.

Wenn Sie in Ihrer Haltung und in Ihrem Sprechen zurückhaltend freundlich und bescheiden auftreten und Ihnen jeder Ansatz von Hochmut und Egozentrik fremd ist, dann werden Ihnen die Herzen zufliegen.

Denken Sie z.B. an Fernsehsendungen wie "Big Brother", "Der Bachelor", "Dschungelcamp" usw. Es gewinnen praktisch immer die Kandidaten, die soziale Kompetenz verkörpern, sich selbst zurücknehmen und andere Mensch gut aussehen lassen. Dagegen haben Kandidaten, die sich selbst in den Vordergrund drängeln, "auf dicke Hose machen" und vor Selbstverliebtheit "nicht in den Schlaf finden", keine Chance. Ich möchte an dieser Stelle keine Namen nennen, aber Sie haben, falls Sie solche oder vergleichbare Fernsehformate schon mal gesehen haben, eine Idee, wen oder was ich meine.

- Ich empfehle Ihnen deshalb, in Ihrem Sprechen und Verhalten demütig und bescheiden zu sein. Auch dies müssen Sie ggfs. erst üben, aber Sie werden feststellen, auf welche positive Resonanz Sie bei anderen Menschen stoßen, wenn Sie anderen bewusst den Vortritt lassen und auf das Besondere im Denken, Fühlen, Sprechen und Verhalten von anderen Menschen hinweisen. Dies zeugt von echtem Respekt und großer Wertschätzung und fällt unweigerlich positiv auf Sie zurück. Sie werden immer mehr das Gewinner-Gen verinnerlichen und sich sehr gut mit allem fühlen. Testen Sie es, es lohnt sich.

6.16. Bitten Sie um Entschuldigung

Kennen Sie den Unterschied zwischen:

- Ich entschuldige mich.

und

- Ich bitte um Entschuldigung.

oder halten Sie dies für eine inhaltlich identische Vorgehensweise, um einen Fehler einzugestehen und sich zu "entschulden".

Im Kern geht es um eine "Entschuldung". Sie haben sich gegenüber einem anderen Menschen etwas zu Schulden kommen lassen, also diesem Menschen gegenüber eine Schuld auf sich geladen. Ist es nun in Ordnung, sich selbst zu "entschulden", also die "Entschuldung" aktiv vorzunehmen, ohne eine Zustimmung zu erbitten und diese abzuwarten?

Kann man, um eine drastisches Beispiel zu wählen, zur Bank gehen und dort dem Kreditsachbearbeiter mitteilen ...

- "Ich möchte den Kredit, den Sie mir eingeräumt haben und den ich zum Kauf von einem Auto und für schöne Urlaube genutzt habe, nicht mehr haben. Sie können ihn behalten."

Kann man sich auf diese Weise gegenüber der Bank "entschulden"? Wird der Kreditsachbearbeiter sein Verständnis für dieses Neubewerten des eingeräumten Kredites kundtun und den offenen Betrag einfach so ausbuchen? Oder wird er nicht ganz im Gegenteil deutlich machen, dass ein in Anspruch genommener Kredit, also eine offene Schuld, getilgt werden muss? Die Antwort muss ich an dieser Stelle nicht geben, Sie kennen sie.

Ähnlich verhält es sich mit einer "Entschuldung" einem anderen Menschen gegenüber. Ein lapidares "Ich entschuldige mich." ist ganz sicher nie ausreichend, was man schon daran erkennt, dass man in der Folge sehr häufig hört "Was willst Du noch? Ich habe mich doch schon entschuldigt."

Eine Schuld kann nur dadurch getilgt werden, indem der Gläubiger diese Schuld nachlässt. Auch bei einer Bank kann man z.B. so vorstellig werden:

- "Ich kann den Kredit nicht zurückführen. Ich bitte um Ihr Entgegenkommen und eine Entschuldung."

Wenn man sich anschließend an die Vereinbarung zur Entschuldung hält, wird man wieder kreditwürdig. Ähnlich verhält es sich zwischen Menschen. Wenn man um eine Entschuldigung gebeten hat, diese damit in Verbindung stehende Schuld von dem Betroffenen erlassen wird und man diese Schuld nicht erneut anhäuft, dann wird man auch wieder gegenüber dem "Gläubiger" kreditwürdig, d.h. das Vertrauensverhältnis kann wieder wachsen.

Ich habe schon oft um eine aufrichtige Entschuldigung gebeten. Nicht, weil ich unheimlich viele grobe Dinge gemacht habe, für die ich in "Sack und Asche gehen" müsste, sondern weil man mit der Bitte um eine Entschuldigung seine Achtung und seinen Respekt gegenüber dem anderen zum Ausdruck bringt. Wenn man selbst für kleine Dinge um eine aufrichtig gemeinte Entschuldigung bittet, zeigt man damit, dass das Gegenüber wichtig ist. Und zwar so wichtig, dass man sich selbst gerne dafür "zurücknimmt".

Bei Menschen, die nicht um Entschuldigung bitten können, werde ich jedoch sehr vorsichtig. Zum einen zeugt dies für mich von einem ausgeprägten Minderwertigkeitskomplex, zum anderen von wenig Achtung, Respekt und Wertschätzung. Darum:

- Üben Sie, aufrichtig um Entschuldigung zu bitten. Fangen Sie mit kleinen Dingen an und erleben Sie, wie positiv die Menschen darauf reagieren, weil sie sich respektiert und wertgeschätzt fühlen. Dies fällt immer positiv auf Sie zurück. Sie wachsen mit jeder Bitte um Entschuldigung, weil Sie jedes Mal ein kleines bisschen "Schuld verlieren" und Ihr Sieger-Gefühl immer mehr wächst.

6.17. Angst erkennen und substituieren

Es ist normal, Angst zu haben, sich zu sorgen und Befürchtungen zu hegen. Ok, aber muss das sein?

Erklärt habe ich schon, dass Angst nur dann verspürt werden kann, wenn man zu wenig Vertrauen hat. Wie es aber, wenn das Vertrauen "unendlich" und man somit komplett angstfrei ist?

Was wahrscheinlich jeder Mensch rückblickend bestätigen kann, ist, dass 99% aller Sorgen und Ängste gar nicht eintreten, sondern nur eine Fiktion der eigenen Gedanken waren. Und das restliche Prozent war in den meisten Fällen nicht so schlimm, wie eigentlich befürchtet. Das heißt, man kann womöglich annehmen, dass nur in einem von eintausend Fällen die Ängste und Sorgen berechtigt waren und tatsächlich etwas eingetreten ist, was man lieber nicht erlebt hätte. Das heißt aber umgekehrt, dass man sich 999 Mal völlig umsonst und absolut überflüssigerweise Sorgen gemacht hat.

Dazu kommt, dass man in den allermeisten Fällen keine Möglichkeit hatte, einzugreifen und an der Situation etwas zu ändern. Das zeigt, dass Sie in Wirklichkeit nicht vor der eigentlichen "möglichen" Erfahrung Angst hatten, sondern viel mehr nur das Ohnmachtsgefühl, die "Angst vor Kontrollverlust" verspürt haben, ähnlich wie viele dies empfinden als Beifahrer in einem Auto, als Passagier im Flugzeug oder als Fahrgast in einer Achterbahn.

Nun kann man ziemlich sicher davon ausgehen, dass Sie in der Lage sind, wirklich ernste Situationen von "gelernten" Angstreaktionen, z.B. der Angst vor Kontrollverlust, zu unterscheiden. Was halten Sie deshalb davon, wenn Sie sich und Ihre Ängste und Sorgen beobachten, genau analysieren und in Zukunft in 99,0% bis 99,9% der Fälle bewusst mit Vertrauen substituieren und somit auflösen?

Glauben Sie mir, genau dies kann man lernen. Das Phantastische daran ist, dass Sie bei jedem Lernerfolg zuversichtlicher und vertrauensvoller werden und sich immer mehr darüber wundern, dass Sie sich "früher" (also bisher) so viele Gedanken um irgendwelche Kleinigkeiten gemacht haben, die gar nicht eingetreten sind. Sie werden mit der Zeit sogar lernen, Ihr bisheriges Reaktionsmuster zu hinterfragen und darüber zu lachen.

- Lernen Sie, Ihre Ängste und Sorgen zu analysieren, zu hinterfragen und bewusst mit Vertrauen zu substituieren. Mit zunehmendem Lernerfolg wird es Ihnen immer leichter fallen und letztendlich dazu führen, dass Sie über Ihr bisheriges Angstverhalten lächeln können und sich wundern, warum sich andere immer so viele Sorgen machen.

6.18. Ordnen Sie Ihre Sterne neu

Kennen Sie den Film:

- Ritter aus Leidenschaft

Es ist einer der Lieblingsfilme meiner Frau. Worum geht es?

Ritter aus Leidenschaft (Originaltitel A Knight's Tale) ist eine Filmkomödie des US-amerikanischen Regisseurs Brian Helgeland, die Mitte des 14. Jahrhunderts spielt.

William Thatcher, der Sohn eines armen Dachdeckers aus London, träumt davon, eines Tages ein Ritter zu werden. Sein Vater gibt ihn als kleinen Jungen in die Obhut von Sir Hector, einem Turnierkämpfer, um dort Knappe zu werden. Beim Abschied gibt der Vater dem jungen William mit auf den Weg, dass ein Mann sein Schicksal verändern könne.

Genau dies passiert natürlich auch. Aus dem Sohn eines Dachdeckers wird zum Schluss ein Ritter, der das Herz der schönen Hofdame erobert.

Der entscheidende Satz in diesem Film lautet nach meiner Einschätzung:

➢ "Ein Mann kann seine Sterne neu ordnen"

Der Begriff "Sterne" kommt im Film mehrfach vor:

- Als William als kleiner Junge sagt: "Wenn ich groß bin, werde ich ein Ritter." bekommt er zur Antwort: "Ha! Der Sohn eines Dachdeckers ein Ritter!? Da kann man ja gleich versuchen, seine Sterne neu zu ordnen."
- "Wer auszieht, um seine Sterne neu zu ordnen, stolpert oft über einen einzigen Strohhalm."
- "Wir sind Söhne von Bauern. Ruhm, Reichtum und Sterne sind nicht für uns bestimmt, aber ein voller Bauch, dieser Traum kann wahr werden."

Zum Schluss kommt William als Ritter zurück nach Hause zu seinem inzwischen erblindeten Vater. Der Vater erkennt seinen Sohn und fragt:

- "Und? Hat er seine Sterne neu geordnet?"

Die Antwort lautet natürlich: Ja!

Ich bin davon überzeugt, dass absolut jeder Mensch seine Sterne neu ordnen kann. Niemand ist "seinem Schicksal hilflos und ohnmächtig ausgeliefert". Ich möchte Sie ermutigen, dieses Beispiel des jungen William anzunehmen und für sich zu verinnerlichen, damit auch Sie Ihre Sterne neu ordnen können.

➢ Fangen Sie sofort an, umzudenken. Lassen Sie keine Sekunde mehr unnütz verstreichen, sondern ordnen Sie Ihre Gedanken und Gefühle, sowie letztendlich Ihre Sterne neu. Genau jetzt ist Ihr Startschuss für Sie als Schöpfer Ihrer neuen Sternenkonstellation. Ich weiß, dass Sie das können.

6.19. Seien Sie bereit für Ihre Entwicklung

Mit Verinnerlichung der Siegersystem-Schritte und -Bausteine werden Sie sich verändern. Ganz sicher. Sie werden automatisch ruhiger, selbstsicherer und positiver auftreten. Sie werden nach meiner Einschätzung auch eine spirituelle Entwicklung durchlaufen und plötzlich Menschen in Ihr Leben ziehen, die Sie womöglich heute noch nicht erwarten. Es wird Ihnen im Laufe der Zeit bewusst werden, dass sich etwas verändert. Damit werden Sie, dessen bin ich mir sicher, Glück, Erfolg und Zufriedenheit wahrnehmen und schätzen lernen.

Seien Sie sich gewiss, dass diese Entwicklung auf Sie zukommt. Haben Sie jedoch bitte auf keinen Fall Angst oder Vorbehalte, nehmen Sie stattdessen Ihre Entwicklung als das an, was sie ist, nämlich Ihr Herauskommen aus Ihrem Kokon und Ihr Verpuppen zu Ihrem wahren Ich.

➢ Seien Sie bereit und freuen Sie sich auf Ihre Entwicklung. Sie werden sehr schätzen, was mit Ihnen und in Ihrem Leben geschieht.

6.20. Denken Sie positive Charaktereigenschaften

Kennen Sie die Charaktereigenschaften, die in der uralten Theologie sogar als Sünden angesehen werden?

1. Superbia
Hochmut (Stolz, Eitelkeit, Übermut)

2. Avaritia
Geiz (Habgier)

3. Luxuria
Wollust (Ausschweifung, Genusssucht, Begehren)

4. Ira

Jähzorn (Wut, Rachsucht)

5. Gula

Völlerei (Gefräßigkeit, Maßlosigkeit, Selbstsucht)

6. Invidia

Neid (Eifersucht, Missgunst)

7. Acedia

Faulheit (Feigheit, Ignoranz, Trägheit des Herzens)

Nun wollen wir uns nicht mit negativen Charaktereigenschaften beschäftigen, sondern mit positiven. Deshalb erstellen Sie bitte eine zweispaltige Liste, bei der in der linken Spalte die o.a. 24 Sündenbegriffe stehen und schreiben Sie in die rechte Spalte Ihre persönlichen positiven Gegenbegriffe, z.B. links Hochmut und rechts Demut usw. Falls Ihnen noch weitere negative und dazu konträre positive Charaktereigenschaften einfallen, ergänzen Sie gerne diese Liste beliebig. Drucken Sie die rechte Spalte mehrfach aus, schneiden Sie diese Spalte in kleine Zettel mit einzelnen Begriffen und verteilen Sie diese Zettel in Ihrer Wohnung bzw. Ihrem Haus an Stellen, wo Sie die Begriffe mehrfach täglich lesen "dürfen".

Je öfter Ihnen die Begriffe wie Demut, Bescheidenheit, Güte, innere Ruhe usw. "begegnen", desto mehr beschäftigt sich auch Ihr Unterbewusstes mit genau diesen Themen. Der Vorteil ist, dass Sie in Zukunft immer schneller bei sich (und auch bei anderen Menschen) erkennen werden, ob Sie diese positiven Charaktereigenschaften "verkörpern" oder ob Sie gegen diese Tugenden verstoßen. Falls Letzteres der Fall ist, haben Sie (mit zunehmender Lerndauer schneller) die Möglichkeit, Ihr Denken und Fühlen bewusst anders auszurichten. Sie werden erkennen, wie Ihnen dies von Mal zu Mal leichter fallen wird und welche Reaktion Sie damit bei anderen Menschen hervorrufen. Es wird Ihnen gefallen.

Ich möchte dies an einem Beispiel erläutern. Es ist gar nicht lange her, dass ich mich über meine Frau geärgert habe. Ich weiß schon nicht mehr, was es war, aber es muss unheimlich wichtig gewesen sein (Vorsicht: Ironie!). Auf jeden Fall habe ich gemerkt und gespürt, wie sich ein Kloß in meinem Magen bildete und wie meine Stimme ungehalten wurde.

Natürlich habe ich erkannt, was da gerade passiert ist und ich habe bewusst begonnen, mich genau gegenteilig zu verhalten. Ich habe meiner Frau gesagt, wie hübsch sie ist, wie lieb ich sie habe und wie froh ich bin, dass sie an meiner Seite ist. Meine Frau hat daraufhin gestrahlt, und ich konnte gar nicht mehr böse sein.

Ein solch "gegensätzliches" Verhalten ist, wenn man sich damit nicht bewusst auseinandergesetzt hat, zu Beginn nicht immer leicht, aber ich verspreche Ihnen: Übung macht den Meister! Und es lohnt sich, sich immer wieder positiv auszurichten.

- Ich empfehle Ihnen, möglichst viele positive Charaktereigenschaften auf kleinen Zettelchen in Ihrer Wohnung zu verteilen und sich möglichst oft bewusst gedanklich mit diesen Tugenden zu beschäftigen, sowie sich, sobald Sie etwas Gegenteiliges an sich bemerken, bewusst positiv auszurichten, Ihr Verhalten zu hinterfragen und sich auffallend "anders" zu verhalten. Die Reaktionen werden Sie überraschen.

6.21. Gedankenhygiene

Selbst wenn irgendetwas sofort als negativ empfunden wird, können und werden Sie mit etwas Übung das Positive erkennen. Je mehr Sie dies üben, desto schneller werden Sie nur noch Positives sehen, egal wie negativ sich etwas im ersten Moment darstellen sollte. Darum:

- Üben Sie, immer das Positive und Gute anzunehmen und zu erkennen.

Dass die Empfehlung "Immer die positive und gute Seite zu erkennen." nicht in jeder Situation leicht umzusetzen ist, ist mir klar, aber man kann es lernen, genauso wie man lernen kann, Vertrauen statt Angst zu haben, sowie Schuldgefühle aufzulösen und Schamgefühle zu substituieren.

Wie bei allem, was man im Leben lernt, so gilt es auch hierbei, sich und Situationen bzw. die eigene Reaktion darauf bewusst zu hinterfragen. Eine fokussierte Gedankenhygiene kann man zum Glück genauso lernen, wie eine Fremdsprache. Man muss es nur wollen ...

Ich kann Ihnen aus eigener Erfahrung sagen, dass ich mich dabei erwische, wie selbst mir diese Gefühle immer wieder bewusst werden, wobei ich jedoch inzwischen fast immer über diese Gefühle lachen kann, weil ich weiß, dass ich sie mir selbst "zuführe" und somit dafür verantwortlich bin.

Je öfter man bewusst auf diese Gefühle reagiert und sie abzuschütteln lernt, desto humoriger nimmt man solche Situationen. Ich versuche dann trotz meines widersprüchlichen Gefühls heilsame Worte zu sprechen und Positives zu denken.

➢ Konzentrierte Aufmerksamkeit auf die eigenen Gedanken und Gefühle ist der Schlüssel zum Erfolg.

Fangen Sie am besten sofort damit an. Eine Idee ist es z.B., im Haus kleine Reminder, z.B. am morgendlichen Badezimmerspiegel oder in der Küche usw., anzuheften, auf welchen z.B. steht:

- "Vorsicht - Gedankenhygiene!"
- "Ich bin zu 100% verantwortlich für mein Leben."
- "Ich denke positiv und bin offen für alles Positive."

➢ Üben Sie, bewusst neu denken zu wollen, dann wird es Ihnen mit der Zeit immer selbstverständlicher vorkommen und in Fleisch und Blut übergehen.

6.22. Kritik positiv annehmen und dankbar sein. Immer.

Es gibt zwei Möglichkeiten, wie Kritik aussehen kann, nämlich berechtigt oder unberechtigt. Und auf beide Möglichkeiten kann man gelassen reagieren:

➢ Berechtigte Kritik

  Sehen Sie berechtigte Kritik als Hilfeversuch, und nehmen Sie es als Ansporn. Seiten Sie bewusst dankbar dafür, und zeigen Sie Ihre Dankbarkeit.

➢ Unberechtigte Kritik

  Überlegen Sie sich, dass der Kritiker vielleicht falsche Glaubenssätze hat und sich verletzt fühlt. Zeigen Sie darum Verständnis und denken Sie bewusst positiv über ihn.

Wenn man sich diese Tatsache vor Augen führt und verinnerlicht, dann kann man eigentlich auf das nächste "sich ärgern" eigentlich nur mit einem lauten Lachen reagieren und sich wundern, dass man diese Gefühlsreaktion nicht schon viel früher durchschaut hat.

Ich bin natürlich in dieser Siegersystem-Ausrichtung nicht vollkommen, kein Mensch kann dies sein, aber ich merke, wie es mit immer leichter fällt, das Siegersystem-Konzept zu verinnerlichen und zu verfolgen, so dass ich mich selbst disziplініere, in möglichst vielen Situationen ruhig zu bleiben und meine Gedanken und Gefühle "positiv" auszurichten. Das Siegersystem ist und bleibt ein dauernder Lernprozess.

- Nehmen Sie jede Kritik positiv und gelassen. Entweder weil die Kritik berechtigt ist und Sie weiterbringt oder weil Sie wissen, dass Ihr Kritiker "noch nicht so weit ist" und Ihre "Hilfe" benötigt, um selbst etwas mehr zu verstehen.

6.23. Akzeptieren Sie Ihre "Fehler"

Sagt man Ihnen nach, dass Sie Ecken und Kanten haben? Gratuliere, dann sind Sie also nicht "rundgespült"? Prima, dann haben Sie womöglich auch Fehler? Falls Sie jetzt "Nein" denken sollten, dann machen Sie sich etwas vor. Kein Mensch hat keine Fehler.

Jetzt muss man sich nur klar machen, was Fehler eigentlich sind. Ist es ein Fehler, etwas zu groß, zu klein, zu dick, zu dünn etc. zu sein? Nein, sicher nicht. Ist es ein Fehler, zu viel Süßigkeiten zu essen? Aus der Perspektive eines Arztes ganz sicher, aber auch das ist hier nicht gemeint. Mit "Fehler" sind Charaktereigenschaften gemeint, die Ihnen das Leben etc. etwas schwer machen, z.B. wenn Sie etwas zu schnell aufbrausend reagieren sollten.

Ich empfehle Ihnen nun:

- Akzeptieren Sie Ihre Fehler. Kämpfen Sie nicht dagegen an.

Widerspricht dies nicht dem von mir bisher aufgeführten Empfehlungen, sich möglichst positiv zu fokussieren? Nein, überhaupt nicht, weil Sie nämlich alles verstärken, worauf Sie sich konzentrieren. Wenn Sie z.B. bewusst "gegen Ihre Fehler kämpfen", dann werden Sie Ihre "Fehler" lediglich verstärken. Wie gesagt, Sie verstärken alles, worauf Sie sich gedanklich ausrichten.

Darum empfehle ich Ihnen stattdessen, Ihre Fehler zu akzeptieren, wie sie sind, und keinen Gedanken mehr daran zu "verschwenden", sondern sich nur und ausschließlich mit den positiven Gegenstücken zu beschäftigen. Falls Sie z.B. jähzornig sein und schnell aus der Haut fahren sollten, dann ist es wesentlich sinnvoller, sich mit den Ursachen Ihres Jähzorns zu beschäftigen und diese aufzulösen, sowie sich mit Affirmationen von Ruhe und Zurückhaltung zu beschäftigen, als immer wieder den Jähzorn bekämpfen zu wollen.

Bitte erstellen Sie eine zweispaltige Liste aller Ihrer "Fehler" bzw. was Sie für Ihre Fehler halten, wobei Sie in die rechte Spalte Ihre ganz persönlichen positiven Gegenstücke schreiben, z.B.

Ich bin schnell jähzornig.	Ich weiß, dass ich überschnell emotional reagiere, weil mir als Kind nie zugehört wurde und man mich erst angehört hat, wenn ich geschrien habe. Weil ich dies erkannt habe und weiß, bleibe ich ab sofort ruhig und zurückhaltend, wenn ich eine ähnliche Situation erlebe.

Ich esse unkontrolliert und viel zu viel Süßes und Ungesundes.	Ich habe erkannt, dass Essen für mich ein Ersatz für Liebe, Zuneigung und Akzeptanz ist und nur meinen Frust reduzieren soll. Weil ich dies erkannt habe und weiß, werde ich mich in Situationen, die mich zum Kühlschrank "treiben", ab sofort an diesen Zusammenhang erinnern, Affirmationen von Selbstliebe und Fremdliebe denken und mich dafür motivieren, einen Tee ohne Zucker zu machen.
Ich sehe überall Probleme und gebe schnell auf.	Ich habe erkannt, dass ich bisher in erster Linie problemorientiert agiert und schnell aufgegeben habe, weil mir auf Grund meiner Kindheitserlebnisse das Selbstvertrauen fehlte, mich auf mich selbst zu verlassen. Weil ich dies erkannt habe und weiß, bin ich bereit, ab sofort immer Lösungen zu finden und weiterzu-

machen, egal welche Herausforderungen sich stellen werden.

Diese Gegenüberstellungen sehen bei jedem Menschen anders aus. Mit Hilfe von Hypnosesitzungen können Sie sehr schnell und fundiert Ihre "Baustellen" herausfinden. Aber auch ohne dieses Hilfsmittel werden Sie, falls Sie wirklich-wirklich-wirklich ehrlich zu sich selbst sind, eine sehr ansprechende Liste zusammenstellen können.

Drucken Sie nun die rechte Spalte beliebig oft aus, schneiden Sie die einzelnen Glaubenssätze aus und verteilen Sie sie in Ihrer Wohnung, damit Sie visuell jeden Tag mehrfach darüber "stolpern". Die in obigem Beispiel zweite Affirmation würde sich z.B. an einer Kühlschranktür gut machen. In Ihrem Unterbewussten werden diese positiven Affirmationen für Sie "arbeiten".

➢ Akzeptieren Sie Ihre "Fehler" und fokussieren Sie sich stattdessen ausschließlich auf die positiven Gegenstücke. Verstärken Sie Ihr positives Ausrichten durch Zettel mit zielführenden Affirmationen. Mit der Zeit werden Sie sich Ihrer positiven Neuausrichtung immer mehr gewahr und werden sich unweigerlich als Sieger fühlen.

6.24. Bereuen Sie nichts

Machen Sie sich Gedanken wie:

- Warum habe ich nur ...
- Was habe ich mir dabei gedacht ...
- Wieso habe ich nicht stattdessen ...
- Was wäre gewesen, wenn ich ...

Haben Sie schon ein einziges Mal etwas in Ihrem Leben ungeschehen machen können? Eine simple Frage, für die es nur eine Antwort gibt, Nein, natürlich nicht. Welchen Sinn macht es dann, darüber zu grübeln oder eine Äußerung oder ein Verhalten zu bereuen? Wem nutzt es?

Das einzige, was ich in diesem Kontext wirklich für sinnvoll erachte, ist, aus dieser jeweiligen Situation, z.B. einer unangemessenen Äußerung oder einem in Ihren Augen falschen Verhalten, zu lernen, ggfs. aufrichtig um Entschuldigung zu bitten (auch bei Verstorbenen) und es beim nächsten Mal besser zu machen.

Ich habe bei Reframingcoachings (siehe reframing-coaching.de) mehrfach, eigentlich fast immer, die Situation erlebt, dass die Seele der gecoachten Person auf Grund von Erlebnissen in der Kindheit belastet war und viel Reue mitschwang. In fast jeder Hypnosesitzung war es möglich, diese unterbewussten "Baustellen" zu ergründen und aufzulösen, so dass die damit verbundenen Gefühle nicht mehr negativ (bereuend) waren, sondern eine nachhaltige Erleichterung zur Gesundung und Befreiung von Seelenqualen möglich war.

➢ Bereuen Sie nichts, sondern fokussieren Sie sich auf eine Klärung und Lösung, die hilft, die bisher noch von Ihnen bereute Situation aufzulösen und Ihnen eine positive Gedankenausrichtung zu ermöglichen. Ziehen Sie ggfs. Hilfe hinzu, z.B. einen Menschen, der Erfahrung hat, Sie z.B. in eine Hypnose zu begleiten, um eine Betrachtung der ursächlichen Situationen und deren liebevolle Klärung und Auflösung zu ermöglichen.

6.25. Vergessen Sie das "Warum"

Wissen Sie, worüber sich Menschen Tag und Nacht und immer wieder den Kopf zermartern? Und zwar völlig nutzlos?

➢ Warum?

Dieses kleine Wörtchen "Warum?" werden Sie nie mit einer abschließenden Antwort klären können. Es geht alleine schon deshalb nicht, weil Sie niemals alle Fakten kennen, geschweige denn "beurteilen" können.

- Warum hat der/die irgendetwas gemacht?
- Warum ist er/sie fremdgegangen?
- Warum ist dieses oder jenes passiert?

- Warum ...?

Diese Reihe an Warum-Fragen kann man beliebig fortführen. Es gibt wahrscheinlich keine denkbar Warum-Frage, die noch nicht gestellt worden ist. Abends liegt man dann im Bett, wälzt sich hin und her und kommt nicht in den Schlaf, weil 1.000 Gedanke durch den Kopf rasen, und viele davon fangen mit "Warum" an.

Ein Gewinnertyp fragt nicht nach dem "Warum", sondern fokussiert sich ausschließlich auf eine mögliche Lösung. Eine Klärung des "Warum" ist sowieso nie eindeutig möglich und hilft überhaupt nicht bei einer zielführenden Lebensausrichtung.

Dieses "Vergessen Sie das Warum" meint natürlich nicht, dass man nicht Ursachen für Unfalle oder technische Probleme etc. herausfinden sollte. Ganz im Gegenteil ist es immer sinnvoll, "Dinge" besser und fehlerfrei zu machen, soweit dies möglich ist. Es geht mir jedoch darum, deutlich zu machen, dass man sich nicht fragen sollte, warum "ausgerechnet bei mir" ein Reifen geplatzt ist, der zu einem gefährlichen Unfall geführt und womöglich ein Leben gefordert hat, sondern die Fragestellung nur das "technische Warum" betreffen darf.

➢ Vergessen Sie das Wort "Warum" und konzentrieren Sie sich in jeder Situation ausschließlich auf eine Lösungsfindung, wie Sie zukünftig Dinge besser machen oder sich zielführender verhalten können, damit ein mögliches "Warum" im gleichen oder in einem ähnlichen Kontext gar nicht mehr in Ihren Gedanken auftauchen "kann". Achten Sie auf Ihre Gedanken und disziplinieren Sie sich, das "Warum" gegen "Es wird schon seinen Sinn haben" auszutauschen.

6.26. Erwarten Sie nichts

Wie oft hört man Sätze wie z.B.

- Ich bin so enttäuscht von Dir, weil ...
- Sein/Ihr Verhalten hat mich enttäuscht.
- Das Ergebnis ist enttäuschend.

Einer Enttäuschung liegt immer eine Täuschung zugrunde, d.h. man wurde getäuscht. Aber wer hat Sie getäuscht? Der Verein, der sein letztes Spiel verloren hat? Ein Mensch, der sich anders verhalten hat, als Sie dies erwartet haben?

Stopp, genau an dieser Stelle habe ich das wichtigste Wort in Verbindung mit "Enttäuschung" schon aufgeführt:

➢ Erwartung!

Sie haben erwartet, dass Ihr Verein besser spielt und gewinnt und waren hinterher enttäuscht, weil es nicht so gekommen ist, wie Sie dies erwartet haben. Was wurde also getäuscht? Genau, nicht Sie, sondern Ihre Erwartung.

Wer ganz alleine trägt die Verantwortung für Ihre Enttäuschung? Der Verein? Die Spieler? Der Schiedsrichter?

➢ Nein. Sie!

Es tut mir leid (nein, tut es nicht!), Ihnen deutlich machen zu müssen, dass ausschließlich Sie selbst in 100% alle Fälle verantwortlich für Ihre Enttäuschung und die damit verbundenen Gefühle sind. In 100% aller Fälle! Hätten Sie nämlich gar keine Erwartung gehabt, hätten Sie nicht enttäuscht werden "können".

Ein Beispiel:

Der Verein 1. FC Schupfendingen verliert gegen den Verein SC Hoppelpoppel 0:6. Und? Sind Sie sehr enttäuscht? Sind Sie niedergeschlagen? Finden Sie vor "Enttäuschung" die nächsten Tage nicht mehr in den Schlaf? Oder können Sie einigermaßen mit dieser Niederlage umgehen?

Wahrscheinlich wird Ihnen diese Nachricht völlig egal sein. Sie kennen weder den einen, noch den anderen Verein. Sie wussten nicht einmal, dass es solch ein Match gegeben hat. Sie wissen sogar bisher noch nicht einmal, um welche Sportart es geht. Fußball? Schach? Tischtennis? Das Ergebnis hat schlicht und ergreifend keine Relevanz für Sie. Sie können sich nicht getäuscht fühlen, also enttäuscht sein, weil Sie keine Erwartungshaltung hatten.

Ein typisches Beispiel für eine in meinen Augen unnötige Enttäuschung und ein damit belastendes Gefühl ist die Einstellung von Eltern, dass sie alles für ihre Kinder getan haben und tun und dementsprechend wohl erwarten können, dass die Kinder dankbar sind.

Ich sehe das völlig anders. Kein Kind hat den Eltern vor der Zeugung eine Nachricht zukommen lassen, dass man gerne von diesen Eltern gezeugt werden möchte. Die Entscheidung zur Zeugung haben im Normalfall die Eltern getroffen (eine höhere Macht lasse ich hier außen vor), die Kinder wurden gezeugt, geboren und erzogen. Alles eine Passiv-Situation für die Kinder. Warum sollen Sie für etwas dankbar sein, was sie gar nicht bestellt haben?

Natürlich können sich Kinder dankbar zeigen, keine Frage. Dies ist dann aber ein freiwilliges Verhalten der Kinder. Als Eltern darf man nicht "erwarten" und sich ggfs. getäuscht fühlen, wenn diese Erwartungshaltung nicht befriedigt wird.

Diese "Nicht-Erwartungshaltung" macht das Leben sehr viel entspannter. Man kann nicht enttäuscht, sondern nur positiv überrascht oder sogar begeistert werden.

➢ Lernen Sie, nichts zu erwarten. Weder Dankbarkeit, noch irgendetwas anderes. Je mehr Sie sich disziplinieren und Ihre Gedanken darauf ausrichten, nichts zu erwarten, desto mehr können Sie positiv überrascht und begeistert werden. Und ausschließlich positive Gefühle stärken Ihr "Sieger-Gefühl".

6.27. Bewerten Sie nicht

Dieses neue Denken über Dritte und Kritik hat eine direkte Konsequenz für alles, was Sie sehen, hören, schmecken, fühlen ...

- Bewerten Sie nicht!

Diese einfache Aufforderung muss ich etwas erläutern, damit der Gedanke dahinter verständlich wird.

Wie im Kapitel zuvor dargestellt, können Sie niemals einschätzen, ob irgendetwas, z.B. eine Äußerung, ein Verhalten oder ein Ereignis, letztendlich positiv oder negativ ist. Selbst eindeutig erscheinende Ereignisse können unterschiedlich "bewertet" werden.

Ein Beispiel:

In Japan gab es vor einigen Jahren einen Reaktorunfall. Viele Menschen verloren ihr Leben, weite Meeresbereiche und Landstriche wurden verseucht. Ist dieser Unfall nun positiv oder negativ?

Von den Menschen vor Ort wird der Unfall zweifelsfrei eher negativ betrachtet werden. Aber kann man es nicht auch positiv sehen, weil z.B. zumindest zum Teil ein Umdenken eingesetzt hat und einige Länder verstärkt auf erneuerbare Energien setzen, wobei der Begriff "erneuerbar" in Verbindung mit Energie natürlich Unfug ist. Energie ist nicht erneuerbar, sie kann nur "umgewandelt" werden.

Aber selbst für die Menschen vor Ort, die z.B. ihr Leben verloren haben, kann dieser Unfall positive Aspekte gehabt haben. Wer weiß, welche Aufgabe sie in dieser Inkarnation hatten. Wir können es nicht beurteilen, kein Mensch kann dies.

Wenn man schon nicht an solch einem drastischen Beispiel einzuschätzen vermag, ob "irgendetwas" positiv oder negativ "beurteilt" werden kann, dann halte ich es für richtig, überhaupt nichts zu bewerten. Keine Äußerung, keine Handlung, kein Ereignis, einfach nichts. Es gibt niemals ein einfaches "Positiv" oder "Negativ". Es gibt absolut immer mehrere Betrachtungsweisen. Wem steht es dann zu, über andere Menschen oder Ereignisse etc. eine Bewertung abzugeben?

Wenn Sie es schaffen, sich auch in diesem Bereich zu disziplinieren, dann werden Sie mit der Zeit erkennen, dass das

Leben sehr viel mehr schöne Seiten bereithält, als Sie womöglich glauben, und vor allem die Chance haben, sich immer mehr - möglichst ausschließlich - mit diesen angenehmen Aspekten des Seins zu beschäftigen.

Es gehört nämlich im Laufe dieses Lernprozesses zu den angenehmen Nebeneffekten, dass Sie sich immer weniger mit "negativen" Ereignissen beschäftigen (wollen). Sie werden mit der Zeit immun gegen Negativismen, Bedenkenträger und Warnungen aller Art. Sie kümmern sich irgendwann nicht mehr um Kriege, Terror, Mord und Totschlag, Verbrechen aller Art, die NWO, Krankheiten und jede Menge Warnungen und Angstmachereien. Glauben Sie mir, das Leben wird dadurch sehr viel entspannter und lebenswerter. Darum empfehle ich Ihnen:

➢ Bewerten Sie nicht! Nichts und niemanden.

6.28. Behandeln Sie jeden und alles mit Respekt

Nichts und niemanden zu bewerten, ist das eine. Einen Schritt weiter gehen Sie, wenn Sie alles und jeden mit Respekt behandeln.

Das eigene Ego steht diesem Gefühl, jeden und alles immer respektvoll behandeln zu können, ab und zu im Wege. Man ist z.B. verärgert und wird daraufhin laut und ausfallend. Ein Wort ergibt das andere, der Streit eskaliert.
Diesen Streit kann man im Keim ersticken, indem man alles und jeden aufrichtig respektiert und gar nicht erst auf die

Idee kommt, sich abfällig oder angreifend zu äußern. Ich weiß, dass dies leicht gesagt, als getan ist. Ich selbst erwische mich immer noch dabei, wie ich Äußerungen Dritten respektlos reagiere, aber ich erkenne es zum Glück immer schneller und bin fast immer sehr schnell bereit, dagegen zu steuern, etwas gerade zu rücken oder um Entschuldigung zu bitten.

Der große Vorteil, wenn Sie alles und jeden mit Respekt behandeln ist, dass Sie für andere sehr schwierig wird, Sie in einem negativen Licht dastehen zu lassen. Wenn jeder weiß, dass Sie sich nahezu immer nur respektvoll äußern und verhalten, wird man versuchen, Ihre Nähe zu suchen und Sie für sich zu gewinnen. Und wenn Menschen Ihre Nähe suchen, werden Sie automatisch zu den "Gewinnern" gehören.

➢ Lernen Sie, auf sich zu achten und alles und jeden nur noch respektvoll zu behandeln, ganz unabhängig davon, ob Sie alleine sind oder ob die ggfs, Betroffenen anwesend sind.

6.29. Wertschätzen Sie jeden und alles

Ich empfehle Ihnen, nicht nur nichts und niemanden zu "bewerten", sondern im Gegenteil alles und jeden wertzuschätzen. Ich mache dies bei Vorträgen und Seminaren gerne an einem praktischen Beispiel deutlich.
Ich nehme einen 100 Euro-Schein und frage, wer diesen Geldschein genug wertschätzt, um ihn haben und sich damit beschäftigen zu wollen, z.B. um sich damit etwas zu kaufen.

Normalerweise heben alle Zuhörer oder Seminarteilnehmer die Hand. Dann zerknüddele ich den Geldschein und frage das gleiche nochmal. Die Reaktion ist üblicherweise identisch, alle Arme heben sich. Und zu guter Letzt zerreiße ich den Geldschein und halte beide Teile hoch. Aber selbst dann sind alle Zuhörer und Seminarteilnehmer bereit, sich dieses Geldscheins anzunehmen.

Wie viel mehr ist ein Mensch wert, ganz unabhängig davon, ob er im Maßanzug auftritt oder unter der Brücke lebt. Woher kann man wissen, was zu diesem oder jenen Umstand geführt hat? Woher soll man wissen, zu welcher Leistung und zu was derjenige, den man vielleicht früher etwas abschätzig betrachtet hat, fähig ist? Ist der Wert eines Menschen davon abhängig, ob er "glatt gebügelt", zerknüddelt oder sogar ziemlich runtergekommen aussieht.

Denken Sie z.B. an den Film "Independence Day" von Roland Emmerich aus dem Jahre 1996, u.a. mit Will Smith. Russell Casse, dargestellt von Randy Quaid, ist einen heruntergekommenen Alkoholiker, dem man als Außenstehender zu Beginn des Films sicher keine erhöhte Aufmerksamkeit zukommen ließ und ihn womöglich eher geringschätzig betrachtet hat. Letztendlich war er aber derjenige, der den Schlüssel zum Sieg über die Aliens gefunden hat, indem er sich für die Menschheit opferte und mit seinem Flugzeug direkt in die Primärwaffe der Aliens flog und dadurch das außerirdische Raumschiff zum Absturz brachte.
Sie können nicht wissen, welche Aufgabe ein Mensch in seinem Leben hat. Sie können nicht wissen, ob ein Mensch et-

was Herausragendes machen oder schaffen wird. Sie können und dürfen einen Menschen noch nicht einmal in irgendeiner Weise beurteilen, denn jeder Mensch ist etwas Besonderes und kann zu etwas Einmaligem durch sein Denken und Handeln werden.

Aber selbst wenn ein Mensch nicht dazu auserkoren ist, Sie z.B. durch die Übertragung einer Niere oder Ihr Kind vor dem Ertrinken zu retten, ist es absolut jeder Mensch wert, aufrichtig wertgeschätzt und positiv angenommen zu werden. Und selbst wenn sich ein Mensch in einer Situation zu Ihrem Nachteil zu verhalten "scheint", z.B. Sie beschimpft oder Ihnen übel mitspielt, können Sie nicht wissen, ob sich nicht genau diese Situation irgendwann einmal zu Ihrem Vorteil darstellen wird.

Der große Vorteil dieser Sicht- und Verhaltensweise ist, dass es Ihnen viel "schwerer" fallen wird, voreilig über Menschen zu urteilen, sie zu beschimpfen. über zu reagieren und überhaupt negativ oder abfällig über sie zu denken. Und genau dies ist entscheidend für Ihren Erfolg bei der Anwendung des Siegersystem-Konzepts. Je weniger Sie negativ und abfällig "denken", sondern positiv und wertschätzend, desto besser ist es für Sie, weil Sie dann genau das in Ihr Leben ziehen, was Sie sich wünschen. Darum:

- Üben Sie, alles und jeden positiv und wertschätzend zu sehen, ganz egal, ob Sie einen Menschen oder eine Situation spontan als positiv oder negativ empfinden. Üben Sie, sich bzw. Ihr Denken zu erkennen und sich zu disziplinieren, damit Sie immer erfolgreicher darin werden, alles und jeden erst einmal positiv zu sehen und wert zu schätzen.

6.30. Vermeiden Sie Negatives und Bedenkenträger

Bedenken Sie bitte, dass jeder Gedanke ein Gefühl auslöst, und jedes Gefühl äußert sich früher oder später körperlich. Wenn Sie z.B. denken: „Mir wird bestimmt schwindelig", dann führt dieser Gedanke zu einem Gefühl der Angst und Hilflosigkeit.

Im Körper wird auf Grund dieses Gefühls ein Stresshormon ausgeschüttet. Ihr Herzschlag wird schneller, Ihr Blutdruck steigt. Die Folge kann tatsächlich sein, dass Ihnen schwindelig wird. Somit hat sich der Gedanke bewahrheitet.

Wenn Sie stattdessen denken „Heute geht es mir gut, es wird ein toller Tag", dann werden Sie ein positives Gefühl auslösen, vielleicht Zufriedenheit o.ä. Das heißt, Ihre Gedanken erzeugen Gefühle, die sich in Ihrem Körper manifestieren.

Wenn man nun weiß, dass absolut jeder Gedanke irgendein Gefühl auslöst, das Auswirkungen auf den Körper hat, dann erscheint es mir mehr als ratsam, möglichst nur noch das zu denken, was zu positiven Gefühlen und somit zu angenehmen Körperreaktionen führt.

Da man negative Gedanken nicht vollends vermeiden kann, ist es um so wichtiger, sich diesen Gedanken zu „stellen" und nach Möglichkeit schnellstmöglich aufzulösen. Gehen Sie deshalb Konflikten nicht aus Angst vor Ablehnung oder Kränkung aus dem Weg, sondern versuchen Sie sie in Harmonie und liebevoll aufzulösen, denn Konflikte verschwinden nicht, wenn man sich Ihnen nicht stellt. In Ihrem Inneren bleiben sie bestehen, wirken dort zu Ihrem Nachteil und schwächen Ihre Gesundheit und die Chance auf Erfolg.

Darum ist es sinnvoll, sich klar zu machen, dass man nur das in seinen Kopf lassen sollte, was Sie tatsächlich denken möchten. Ein paar Beispiele, wie Sie auf Ihre Gedankenhygiene achten können:

- Möchten Sie wirklich morgens, mittags und abends negative Nachrichten über Mord und Totschlag, Überschwemmungen, Unglücke usw. sehen und hören?

- Was halten Sie für zielführender für einen guten Nachtschlaf? Einen Horrorfilm, ggfs. einen Krimi mit vielen Toten oder alternativ eine Liebeskomödie mit Happy End?

- Was ist besser für Ihr inneres Gleichgewicht? Ein netter Abend mit der Familie und Freunden? Oder Streit und Stress, weil Sie ja bei irgendeiner „unglaublich wichtigen" Sache recht behalten wollen?

- Was halten Sie für gesundheitsfördernder? Positive Menschen, die Ihnen ein gutes Gefühl vermitteln, oder „Energiediebe", die nur meckern und motzen?

Etwas Ähnliches gilt für die Menschen, mit denen Sie sich umgeben. Wenn Sie viel mit Menschen zu tun haben, die in erster Linie hilflos, ängstlich und negativ denken und agieren, geradezu Bedenkenträger sind und Sie vor allen möglichen Risiken und Gefahren warnen, dann müssen Sie sich nicht wundern, wenn Sie diese Denk- und die daraus resultierenden Verhaltensweisen übernehmen und genau das in Ihr Leben ziehen, wovor man Sie gewarnt hat.

Fragen Sie sich bitte, ob Sie an den vielen „schlechten Nachrichten" und "negativen Bedenken", die Sie bisher in Ihrem Leben in den Nachrichten, in der Zeitung oder im Radio bzw. von Menschen aus Ihrer Umgebung erfahren haben, irgendetwas ändern konnten. War es wichtig, zu erfahren, dass ein Terroranschlag verübt wurde? Muss man hierüber wirklich informiert sein? Falls Ja, warum? Um „mitreden" zu können?

Ich meine, dass es nur dann sinnvoll sein kann, über Grausamkeiten, Ungerechtigkeiten und Not informiert zu werden, wenn man selbst etwas unternehmen kann, um zu helfen – in allen anderen Fällen kann ich keinen Vorteil oder Nutzen an diesen Informationen erkennen.

➢ Achten Sie nicht nur auf Ihre Gedanken, sondern auch auf die Informationen aus allen Informationskanälen, sowie Gedanken und Äußerungen von Menschen in Ihrer Umgebung. Meiden Sie möglichst alles Negative und die typischen Bedenkenträger und Warner. Haben Sie stattdessen den Mut, sich auf das Positive zu konzentrieren und Ihren Weg zu gehen.

6.31. Fokussieren Sie sich positiv und zielorientiert

Ein wichtiger Schritt, um das in sein Leben zu ziehen, was man wirklich erleben möchte, ist es, sich bewusst richtig zu fokussieren. Ein Beispiel aus dem täglichen Leben, das jeder Autofahrer kennt:

- ➢ Man darf beim Überholen in einer Autobahnbaustelle auf keinen Fall den zu überholenden LKW im Fokus haben, sondern man sollte stur geradeaus dahin schauen, wohin man fahren möchte.

Wissen Sie, warum diese Vorgehensweise wichtig ist? Ganz einfach, weil Sie automatisch in die Richtung fahren, in die Sie gucken. Und wenn Sie auf den zu überholenden LKW schauen, dann dürfen Sie sich nicht wundern, wenn Sie diesem LKW mit Ihrem Fahrzeug bedrohlich nahe kommen.

Das gleiche gilt für Ihr Denken. Wenn Sie darüber nachdenken, was Sie nicht möchten, dann dürfen Sie sich gleichfalls nicht wundern, wenn Sie genau das Nichtgewünschte in Ihre Realität ziehen und erleben.

Genauso wenig, wie es Dunkelheit gibt, da Dunkelheit nur die Abwesenheit von Licht ist, kann man das ausmerzen, dem man widerstehen möchte, da man bei dieser Vorgehensweise genau an das denkt, was man eigentlich ausräumen möchte.

Im wahren "richtigen" Denken gibt es weder Angst, noch Verneinung. Das Universum reagiert auf alle Gedanken, auch auf die, die mit "nicht" formuliert werden. Das, was man befürchtet oder bewusst ablehnt, zieht man an. Wenn man gegen Lebensumstände ankämpft, wird man sie verstärken, da der Fokus falsch ist. Die Physik aus "Actio = Reactio" wird unbarmherzig zum nicht gewünschten Ergebnis führen.

Alles, was Sie über andere denken, erschaffen Sie (leider oder zum Glück) für sich selbst. Sie tragen die Verantwortung, aber auch die Chance in sich. Ich empfehle Ihnen deshalb:

➢ Nutzen Sie gegenüber allen Menschen und über alle Menschen nur noch heilsame und segnende Worte, die Wohlstand, Inspiration und Kraft bringen.

Dieser Satz wird sicher bei einigen Lesern spontan einen inneren Widerstand hervorrufen. Wie kann ich mir anmaßen, diese Empfehlung auszusprechen und tatsächlich zu "verlangen", von allen Menschen und über alle Menschen nur noch positiv zu sprechen? Soll dies auch gegenüber Verbrechern, Massenmördern, Diktatoren etc. gelten?

Die einfache Antwort lautet:

➢ Ja!

Denn alles, was Sie über andere denken, kommt zu Ihnen zurück. Wollen Sie, dass man positiv von Ihnen spricht oder über Sie denkt? Dann verweise ich auf meine Empfehlung, die ich physikalisch begründet habe. Wenn Sie über jemanden nicht positiv denken "können", dann sprechen Sie über diesen Menschen gar nicht. Alles Negative kommt zu Ihnen zurück, also unterlassen Sie es besser, über andere schlecht zu sprechen. Immer.

- Schaffen Sie für sich eine neue Denkweise durch eine bewusste Gedankenfokussierung. Konzentrieren Sie sich auf eine bewusste Sozial- und Gedankenhygiene. Denken Sie nach Möglichkeit immer nur positiv und zielorientiert und verbannen Sie alles Negative und Problemorientierte aus Ihren Gedanken.

6.32. Denken und sprechen Sie nur positiv über Dritte

Sobald Sie mit der Zeit Ihre eigenen "Ego-Trips" erkennen, wird es Ihnen sukzessive immer besser möglich sein, sich auch in Ihren Gedanken und Äußerungen zu disziplinieren. Dazu gehört als weiterer Baustein:

- Denken und reden Sie immer und ausschließlich positiv über andere Menschen.

Warum ich diesen Punkt für wichtig erachte, habe ich in einem meiner voran gegangenen Bücher bereits erläutert. Es hängt mit dem "Gesetz der Resonanz" und dem "Gesetz der zwangshaften Folge" zusammen.

Kurz zusammengefasst: Wenn Sie sich negativ über andere Menschen äußern, dann wird dies unweigerlich auf Sie zurückfallen. Zum einen ziehen Sie alles in Ihr Leben, was Sie ausstrahlen, zum anderen werden Sie genau das erleben, was Sie denken und fühlen.

Dass dies gleichermaßen für das Denken, wie für das Reden gilt, macht das Ganze zu einer enormen Herausforderung. Es ist nämlich alles andere als leicht, immer über jeden Menschen positiv zu denken und zu sprechen. Erst recht, wenn Sie das Gefühl haben, ungerecht behandelt worden zu sein oder, noch schlimmer, wenn man Sie emotional verletzt oder bloßgestellt hat o.ä.

Erleichtern kann Ihnen diese neue Denkausrichtung, wenn Sie sich bewusst machen, dass Sie niemals und zu keinem Zeitpunkt wissen können, was diejenige Person zu irgendeiner für Sie im ersten Moment negativ wirkenden Verhaltensweise veranlasst hat, und Sie erst recht nicht abschätzen können, ob sich genau diese Situation, die sich für Sie unangenehm angefühlt hat, irgendwann als besonders positiv herausstellt.

Machen Sie sich bitte bewusst, dass es keine objektive Betrachtung von Situationen, Äußerungen und Verhaltensweisen gibt. Niemals. Es gibt nur beliebig viele subjektive, vom Ego eingefärbte Einschätzungen und Gefühlsreaktionen. Insofern gibt es niemals die eine Wahrheit, sondern beliebig viele "Halb-Wahrheiten".

Wahrscheinlich haben Sie es in Ihrem Leben schon häufig erlebt, dass man sich negativ geäußert hat, egal ob Sie dies waren oder es jemand über Sie getan hat, und sich hinterher rausstellte, dass die Situationen sich in Wirklichkeit ganz anders darstellten und vieles auf Missverständnissen beruhte. Dann hat man sich entschuldigt, ausgesprochen und vertragen. Wer kennt das nicht?

Wenn man somit weiß, dass man niemals und zu keinem Zeitpunkt Situationen, Äußerungen und Verhaltensweisen als "neutrale, objektive Wahrheit" "beurteilen" kann, kann man lernen, alles, wirklich alles, aus einer Art Vogelperspektive zu sehen, sich selbst und die eigenen emotionalen Reaktionen zu hinterfragen und erst einmal zuzulassen, dass es unbekannte Gründe und unterbewusste Zwänge und Glaubenssätze geben kann, die zu dieser oder jener Äußerung geführt haben.

➢ Ich kann Ihnen nur nachdrücklichst empfehlen, sich soweit es irgendwie geht und durch fortwährendes Üben erreichbar ist, aus einer objektiven Vogelperspektive zu beobachten und darauf zu achten, dass Sie über Dritte nur noch positiv denken und reden. Sie werden sehen, dass Sie sich in dieser neuen Gedankenwelt immer wohler fühlen werden und Sie damit unglaublich positive Reaktionen hervorrufen.

6.33. Verzeihen Sie alles und jedem

Sind Sie verärgert? Eventuell sogar verbittert? Hat man Ihnen übel mitgespielt, Sie verhöhnt, Sie betrogen, Sie bloßgestellt, Ihre Ehre angegriffen, Ihr Leben ruiniert usw.? Damit gehören Sie zu den Menschen, denen so etwas oder etwas Ähnliches auch schon passiert ist. Ich vermute, es geht 99,9% aller Menschen so, dass sie irgendetwas erlebt haben, was objektiv ähnlich betrachtet werden würde.

Warum geht es dann ausgerechnet Ihnen so schlecht? Oder jemandem aus Ihrer Familie? Oder einem Freund? Warum geht es nicht 99,9% aller Menschen schlecht?

Die Antwort ist einfach. Es gibt Menschen, die sich alles extrem zu Herzen nehmen, nichts vergessen, alles nachtragen, auf keinen Fall verzeihen, geschweige denn sich versöhnen möchten. Und warum? Ich glaube, es passiert hauptsächlich, damit man sich moralisch höherwertig fühlen kann, denn schließlich würde man sich selbst nie so verhalten. Meine eindeutige Meinung:

➢ Dies ist völliger Unfug, absoluter Quatsch, einfach nur dumm!

Es gibt keinen Menschen, ich wiederhole keinen Menschen, der nicht irgendwann mal irgendwo irgendjemanden verärgert oder emotional verletzt hat. Eventuell sogar so sehr, dass derjenige dauerhaft darunter leidet. Das heißt nicht, dass man so etwas in böser Absicht getan haben muss, wahrscheinlich geschieht so etwas meistens aus Versehen, oftmals ohne dass man es merkt. Aber die Vorstellung, dass man selbst moralischer ist, als jemand anderer, nur weil man irgendeine Situation oder irgendein Verhalten des anderen als moralisch verwerflich betrachtet, ist in meinen Augen eine Anmaßung und absolut unangebrachte Selbstbeweihräucherung.

Ich kenne Menschen, die seit vielen Jahren lieber eine Opferrolle pflegen und sich selbst als "armes Opfer" präsentieren, denen man ganz übel mitgespielt hat, anstatt die jederzeit denkbare Möglichkeit zu ergreifen, das eigene Denken und Tun zu hinterfragen und mit allem ins Reine zu kommen. Irgendwann wird dort mal auf dem Grabstein stehen:

- Ich hatte ein trauriges, frustriertes, liebloses und unglückliches Opfer-Leben, aber, und das war mir immer das wichtigste: "Ich hatte recht".

Herzlichen Glückwunsch. Da hat jemand seine Sterne genau so geordnet, wie es mir gerade nicht erstrebenswert erscheint. Anstatt das Leben jeden Tag neu anzunehmen, das Positive zu erkennen, das Gute zu tun und jede Sekunde zu genießen, wird lieber irgendein (womöglich noch nicht einmal überwichtiger) Umstand dermaßen ins Negative erhöht, dass das ganze Leben ein Trauerspiel ist.

Meine Empfehlung geht komplett in eine andere Richtung. Wenn Sie irgendetwas irgendjemandem meinen, verzeihen zu müssen, dann tun Sie das. Verzeihen Sie jedem und alles. Versöhnen Sie sich, falls möglich, mit jedem, gegen den Sie noch Groll hegen. Wenn Sie dies nicht tun, schaden Sie ausschließlich sich selbst, denn Sie fokussieren sich auf das Negative, ungute Gefühle, Verärgerung usw. Sie ärgern "sich", Sie "fressen" Ihren Unmut "in sich hinein" usw.

Nun ist dieses Verzeihen oftmals leichter gesagt, als getan, das kenne ich aus eigener Anschauung. Aber Sie können dies lernen. Fangen Sie mit etwas "Kleinem" an, z.B. dass jemand mal zu spät gekommen ist. Dann steigern Sie Ihr "Verzeihen", z.B. dass jemand zu Ihnen etwas "Unnettes" gesagt hat. Bereits bei diesen "kleinen Dingen" werden Sie feststellen, dass es Ihnen danach besser gehen wird. Evtl. wird der Kloß im Bauch etwas kleiner.

Mit der Zeit wird Ihnen das Verzeihen Spaß machen. Sie werden regelrecht süchtig danach, weil Sie nämlich mit zunehmendem Verzeihen moralisch wachsen und sich besser fühlen werden. Letztendlich wird es dazu führen, wenn Sie am Ball bleiben, dass Sie sich darauf besinnen werden, lieber sehr schnell zu verzeihen, als ungute Gefühle und Schlimmeres mit sich rumzutragen. Darum:

➢ Erstellen Sie eine Liste mit allem, was Ihnen auf der Seele liegt. Mit allen Namen, gegen die Sie noch einen Groll hegen. Fangen Sie an, zu verzeihen und zu vergeben. Beginnen Sie mit kleinen Dingen und steigern Sie Ihr Verzeihpotential. Bleiben Sie am Ball und beobachten Sie sich und Ihr Bauchgefühl. Fühlen Sie in sich hinein, was das verzeihen mit Ihnen macht und bieten Sie, sobald es Ihnen möglich ist, jedem eine Versöhnung an. Machen Sie den ersten Schritt, es wird Ihnen guttun. Verzeihen Sie wirklich alles und jedem!

6.34. Verhalten Sie sich Mut machend und aufbauend

Welche Menschen haben Sie am liebsten um sich herum? Die Bedenkenträger, Warner und Miesepeter, die alles schlecht machen und jede Menge Unheil auf uns zukommen sehen? Oder die Menschen, die optimistisch, vertrauensvoll und positiv agieren?

Wahrscheinlich, um nicht zu sagen ganz sicher, gibt es Menschen, die sich geradezu im Unheil, im Negativen, in apokalyptischen Zukunftsperspektiven suhlen und am liebsten lieber heute, als morgen als untergehen sehen möchten. Falls Sie zu diesen Menschengruppe gehören, wird Ihnen dieses Buch nur weiterhelfen können, wenn Sie sich umorientieren und bereit sind, zukünftig umzudenken. Mir liegt daran, dass es Ihnen von Grund auf gut geht und Sie sich über Ihr Leben und auf Ihre Zukunft freuen (können).

Damit man sich auf die Zukunft freuen kann, ist es nach meiner Einschätzung wichtig, mit Hoffnung und Vertrauen nach vorne zu blicken und alles, was kommt, mit offenen Armen in das eigene Leben einzuladen, sowie bereit für Positives und überbordende Glücksgefühle zu sein. Wer dagegen immer nur seine Opferrolle pflegt und alles erst einmal negativ betrachtet, wird schwerlich das große Glück in sein Leben ziehen und es erkennen und empfinden (können).

Wenn es also "im Normalfall" zumindest für die meisten Menschen angenehmer ist, mit positiven, Mut machenden und aufbauenden Menschen zu tun zu haben, dann halte ich es für eine gute Idee, dass Sie genau dies tun, nämlich sich positiv, Mut machend auf aufbauend zu äußern und zu verhalten.

Dieses Verhalten hat, quasi als angenehmen Nebeneffekt, auch den Vorteil, dass Sie sich mit überwiegend positiven, Mut machenden und aufbauenden Gedanken beschäftigen (müssen), also sich selber entsprechend fokussieren und programmieren. Das, was Sie ausstrahlen, fließt zu Ihnen zurück. Sie tun somit nicht nur Ihren Mitmenschen etwas Gutes, sondern vor allem auch sich selbst.

- Verhalten Sie sich immer positiv, Mut machend und aufbauend, ganz egal, was man Ihnen schreibt oder sagt, und seien Sie eine mentale Stütze und "der beste und optimistischste Mutmacher", den es gibt.

6.35. Begeistern und loben Sie

Ganz ähnlich, wie im Kapitel zuvor, verhält es sich bei der Überlegung, welche Menschen man lieber um sich hat. Die Menschen, die in erster Linie meckern und frustrieren, oder die Menschen, die loben und begeistern. Die Antwort ist im Normalfall sehr einfach.
Andere Menschen zu begeistern und zu loben hat jedoch auch noch "eigene" Vorteile. Zum einen resoniert man echtes Begeistern und Loben und fühlt sich selbst besser, zum anderen ist die Wahrscheinlichkeit groß, dass man von die-

sen Menschen auch gelobt wird und positive Rückmeldungen erhält. Der entscheidende Punkt ist aber, dass man, wenn man andere Menschen begeistert und lobt, selbst keine negativen Gedanken haben "kann", sondern genau das in das eigene Leben zieht, was man aussendet, also Begeisterung und positive Rückmeldungen.

Es spielt dabei keine Rolle, ob Sie Menschen, die mit denen Sie extrem gut "können" oder Menschen, die Ihnen emotional nicht so nahe stehen, begeistern und loben, die Reaktionen und das erzeugte Resonanzfeld werden für Sie selbst immer positiv sein.

➢ Wenn Sie Erfolg haben und zu den "Gewinnern" gehören möchten, dann ist es sehr vorteilhaft, so begeisternd, positiv und lobend zu agieren, wie Ihnen dies nur irgendwie möglich ist. Je mehr Sie dies üben und umsetzen, desto leichter wird es Ihnen fallen und desto besser werden Sie sich dabei fühlen.

6.36. Gönnen Sie jedem alles Beste

Möchten Sie, dass man Ihnen Ihren Erfolg neidet, Sie deswegen ablehnend behandelt, negativ über Sie spricht und Sie womöglich sogar in Misskredit bringt? Eher nicht, nehme ich an. Zumindest wäre es für Sie von Vorteil, wenn Sie zu den Menschen gehören möchten, die es gerne sehen, wenn man positiv über sie spricht und nur Gutes über Sie zu erzählen weiß. In letzterem Fall werden Ihnen nämlich kontinuierlich positive Emotionen und Gedanken zufließen, was unweigerlich zu einem positiven Empfinden bei Ihnen führen wird.

Genau das gleiche gilt umgekehrt. Wenn Sie auf andere Menschen neidisch sind, Ihnen den Erfolg, die Beziehung, das Geld, die Gesundheit oder was auch immer neiden, führt dies zu einer emotionalen und energetischen Belastung bei Ihnen. Darüber hinaus werden andere Menschen sehr schnell merken, wie Sie "ticken" und Sie nicht mehr so positiv und zugetan sehen und behandeln.

➢ Da Sie der Schöpfer Ihrer Lebensumstände sind, kann ich Ihnen nur nachdrücklich ans Herz legen, jedem Menschen alles Beste zu wünschen und jeden Erfolg, alles Geld, Gesundheit, Glück und Erfüllung von Herzen zu können. Sie werden sehen, dass Sie mit diesem Denken genau das anziehen, was Sie sich für sich selbst auch wünschen.

6.37. Tun Sie Gutes und seien Sie gütig und großzügig

Ich möchte Ihnen nicht nahelegen, eine Stiftung o.ä. zu gründen. Es geht mir nicht darum, dass Sie die Welt retten. Meine Empfehlung lautet nur:

➢ Tun Sie Gutes und seien Sie gütig und großzügig!

Kleinigkeiten machen das Leben lebenswert. Achten Sie z.B. bewusst darauf, dass Sie Menschen anlächeln oder die Tür aufhalten, wenn Sie einkaufen. Biete Sie Ihre Hilfe an, wenn jemand etwas im Regal sucht. Sprechen Sie Menschen im

Restaurant an und wünschen Sie "Guten Appetit". Bedanken Sie sich aufrichtig und schauen Sie Ihrem Gegenüber dabei in die Augen, z.B. wenn man Ihnen an der Wursttheke Ihre Bestellung übergibt. Wünschen Sie nicht nur einen "Angenehmen Feierabend" oder ein "Schönes Wochenende", sondern formulieren Sie dies außergewöhnlich, z.B. "Ich wünsche Ihnen den schönsten Feierabend der Welt." oder "Dieses Wochenende möge Ihr absolutes Glückswochenende sein".

Ich könnte an dieser Stelle hunderte von Kleinigkeiten aufführen, mit den Sie das Leben von anderen Menschen sehr einfach bereichern und etwas lebenswerter machen könnten. Das Spannende ist dabei, dass alles das, was Sie an Gutem ausstrahlen, auf Sie selbst zurückfällt. Tatsächlich tun Sie sich selbst etwas Gutes!

Probieren Sie es aus und beobachten Sie, wie die Menschen auf Sie reagieren und vor allem auch, wie Sie sich dabei und danach fühlen. Ich halte es für absolut auf der Hand liegend, dass Sie immer mehr merken und spüren werden, dass Sie in Wirklichkeit etwas Gutes für sich selbst tun, wenn Sie gegenüber anderen Menschen aufrichtig besonders nett und entgegenkommend verhalten. Sie tun in zweifacher Richtung etwas Gutes.

Nun gibt es unterschiedliche Sozialisationen und Kulturen. Dem einen fällt es leichter, sich zu öffnen und besonders nett und hilfsbereit zu sein, der andere ist etwas verschlossener und zurückhaltender, vielleicht auch etwas scheuer. Aber ich verspreche ich, dass Sie gar nicht mehr aufhören möchten, sich besonders nett und aufrichtig freundlich zu zeigen, wenn Sie erst einmal damit anfangen. Üben Sie es ggfs. erst einmal im "Kleinen", z.B. bei Ihrem Bäcker um die Ecke, und steigern Sie sukzessive Ihren Aktionsradius. Es wird Ihnen immer leichter fallen, wie alles, was man bestätig übt.

Bei meiner Frau und mir ist es inzwischen so sehr ins Fleisch und Blut übergangen, dass wir möglichst nett und offen agieren, dass wir sogar Freundschaften geschlossen haben, als wir ein Auto und ein Mofa verkauft oder selbst ein Fahrzeug gekauft haben. Selbst aus Verkäufen über Ebay etc. sind wunderbare Kommunikationen entstanden, nur weil wir nett, entgegenkommend, vertrauensvoll und wohlwollend denken, schreiben und agieren. Es ist eine wahre Freude, wirklich.

Darum empfehle ich Ihnen nachdrücklich:

- Fangen Sie an, bewusst Gutes zu tun, sich nett, aufrichtig, besonders freundlich und auch gütig und großzügig zu verhalten. Schauen Sie den Menschen tief in die Augen, wenn Sie sich aufrichtig bedanken und ihnen Gutes wünschen, z.B. den "schönsten Feierabend der Welt." Mit zunehmender Selbstverständlichkeit wird Ihnen immer mehr auffallen, wie genau das, was Sie ausstrahlen, zu Ihnen zurückkommt. Sie werden sich von Tag zu Tag besser fühlen und immer mehr Dankbarkeit für alles Gute, was in Ihrem Leben passiert, empfinden.

6.38. Freuen Sie sich ... immer ... über alles

Ich möchte Ihnen eine wunderbare Einstellung ans Herz legen:

➢ Ich freue mich, wenn es regnet. Überrascht? Ich freue mich, wenn es regnet, denn wenn ich mich nicht freue, sondern traurig und deprimiert bin, regnet es trotzdem.

Ich finde diese Einstellung klasse. Anstatt wegen des Wetters bzw. auf Grund äußerer Rahmenbedingungen und Begebenheiten traurig zu sein, zeigt dieser Satz, dass man sich immer auf das Positive fokussieren "kann" und in meinen Augen auch sollte.

Alles, was Sie denken und fühlen, entscheiden Sie selbst. Äußere Einflüsse "können" Sie ignorieren, wenn Sie dazu bereit sind. Warum über das "schlechte" Wetter nachdenken, wenn Sie es sowieso nicht beeinflussen können? Warum über vergossene Milch traurig sein, wenn das Zerbrechen des Krugs nicht rückgängig gemacht werden kann? Warum sich über unliebsame Überraschungen, z.B. einen Unfall, eine unerwartete Rechnung, ein böses Wort eines Dritten usw., den Kopf zerbrechen, wenn man nicht alles in diesem Moment "bewerten kann" (was man sowieso nicht sollte) und ein Rückgängigmachen nicht möglich ist.

➢ Lachen Sie und freuen Sie sich, wenn eine Rechnung ins Haus flattert, denn diese Rechnung muss auch dann von Ihnen bezahlt werden, wenn Sie darüber traurig sind.

- Lachen und freuen Sie sich, wenn man Ihnen übel mitspielt, denn die Konsequenzen werden auch dann zum Tragen kommen, werden Sie niedergeschlagen reagieren.

Diese Liste kann man nahezu beliebig fortführen. Wichtig erscheint mir, dass man sich bewusst machen sollte, dass das Geschehene nicht das eigene Denken und Fühlen "negativ" beeinflussen "muss". Sie sind immer der "Chef Ihres Denkens und Fühlens". Sie können nicht wissen, ob "etwas" langfristig zu Ihrem Vorteil gereicht. Darum:

- Freuen Sie sich ... immer ... über alles bzw. versuchen Sie zumindest etwas Gutes in allem, was geschieht, anzunehmen.

6.39. Kommunizieren Sie mit Menschen

Eine merkwürdige Empfehlung, oder? "Selbstverständlich kommuniziere ich mit Menschen", werden Sie sagen, "jeden Tag sogar. Per E-Mail, per SMS, per Whatsapp, über Facebook, Twitter, Xing, Linkedin und viele andere soziale Medien." Sie kommunizieren so viel wie nie zuvor, stimmt´s?

Nein, das Gegenteil ist der Fall. Sie schein-kommunizieren, eine Wortkreation, die gut passt. Sie kommunizieren nur scheinbar, denn eine echte Kommunikation findet zwischen Menschen statt, nicht über elektronische Vermittler.

Heutzutage gibt es unglaublich viele Möglichkeiten, sich auszutauschen, z.B. Videos o.ä. über Messenger-Dienste zu versenden, Dateien per Emails zu übermitteln, per Skype Videokonferenzen zu tätigen usw. Die eigentliche Mensch-zu-Mensch-Kommunikation scheint dabei "auf der Strecke" zu bleiben.

Meine Frau verbietet inzwischen allen ihren Freundinnen, ihr Nachrichten, z.B. Witze oder Videos etc., über Whatsapp zu schicken, weil sie dies als "Zeitdiebstahl" empfindet. Stattdessen bevorzugt Sie das persönliche Gespräch, zur Not übers Telefon. Ich glaube, sie macht da etwas richtig.

Nun möchte ich die neuen Medien nicht verteufeln. Ganz sicher nicht, da sie auch viele Chancen eröffnen. Ich möchte Ihnen nur nahelegen, sich mehr auf den Menschen gegenüber zu konzentrieren, mit dem Sie z.B. gerade ein gemeinsames Essen genießen, anstatt während des Essens ihr Handy herauszuholen und "unglaublich wichtige" Nachrichten zu lesen und geradezu "lebensnotwendige" Antworten zu versenden.

Was war eigentlich bis Anfang der 1990er-Jahre los? Da gab es noch keine Handys, geschweige denn die "sozialen" Medien, die in meinen Augen eher "unsozial" sind, wenn man sich den Wortstamm näher betrachtet. Waren ein miteinander Leben und persönlicher Austausch unmöglich? Musste man auch damals beim Essen, beim Zusammensein mit

Freunden usw. unbedingt eine "Nachricht" an viele andere Menschen schicken? Oder konnte man sich "damals" einfach auf das "Hier und Jetzt" einlassen und sich mit dem Gegenüber "beschäftigen", also kommunizieren?

Ich habe immer das direkte Miteinander mit Menschen als besonders aufbauend und erfüllend empfunden. Ich empfinde es z.B. als großes Glück, immer meine Frau an meiner Seite zu wissen. Dazu laden wir extrem häufig Freunde zum Essen ein oder besuchen Freunde, egal wie weit sie weg wohnen. Dieses persönliche Miteinander ist nach meiner festen Überzeugung ein Grund für mein ausgeprägtes Gefühl von Glück zu Zufriedenheit.

Ich meine übrigens nicht, sich zu stylen und in Discos und auf Partys zu rennen, sondern tatsächlich das direkte Interagieren zwischen Menschen, die sich dabei in die Augen schauen und sich so offenbaren, wie sie sind. Ohne sich zu verstellen, etwas vorzugeben oder eine Rolle zu spielen. Einfach eine bewusste Zeit zwischen Menschen, die das Leben miteinander genießen möchten.

Das Vorangegangene ist nur eine Empfehlung, es ist kein Muss. Probieren Sie es aus, hören Sie auf Ihren Bauch. Beobachten Sie sich. Wie fühlt es sich an, mit Menschen direkt im Kontakt zu stehen, sich bei einem Gedankenaustausch in die Augen zu sehen und sich dem Gegenüber offen zu zeigen? Ist dies das gleiche, wie ein Austausch von Emails, SMS und anderen Messenger-Nachrichten?

- Meine Empfehlung ist: Wenn Sie mit Menschen zusammen sind, z.B. beim Essen, schalten Sie konsequent ihr Handy aus. Telefonieren Sie lieber, als eine E-Mail zu schreiben, falls dies machbar ist. Wenden Sie sich den Menschen direkt zu und zeigen Sie Ihr aufrichtiges Interesse an Ihrem Gegenüber.

6.40. Seien Sie authentisch

Sind Sie ein Schauspieler? Ok, dann dürfen Sie beliebig viele Rollen spielen. Aber falls Sie die Schauspielerei nicht als Ihre Domäne ansehen, dann empfehle ich Ihnen:

- Seien Sie authentisch.

Dies ist leichter gesagt, als getan, da Sie schon sehr früh gelernt haben, Rollen zu spielen. Ihre Rolle als Sohn oder Tochter sieht anders aus, als Ihre Rolle als Bruder oder Schwestern. Dazu kommen Ihre Rollen als Enkel oder Enkelin, Neffe oder Nicht, Freund oder Freundin, Schüler oder Schülerin, Sportler oder Sportlerin, Ehemann oder Ehefrau usw. Ich führe in diesem Fall die maskuline und feminine Form auf, weil sich auch die Rollen für Jungen und Mädchen bzw. Männer und Frauen (richtigerweise müsste es Weiber heißen, aber das ist heutzutage nicht mehr üblich bzw. opportun).

Egal, wo Sie sind, spielen Sie eine erlernte Rolle. Schwierig wird es, wenn Sie mehrere Rollen gleichzeitig spielen "müssen", z.B. wenn Sie in einer Familiensituation Sohn, Enkel,

Vater, Ehemann, Chef usw. gleichzeitig sind. Das kann ziemlich anstrengend sein.

Besonders anstrengend wird Ihr Leben jedoch erst, wenn Sie nicht nur verschiedene Rollen übernehmen "müssen", sondern, der Meinung sind, diese mit unterschiedlichen Charaktereigenschaften und Verhaltensweisen "füllen" zu müssen. In diesem Fall müssen Sie tatsächlich schauspielern und sich von einer Sekunde auf die andere verändern und neu konzentrieren.

Warum fällt es vielen Menschen so schwer, sich so zu verhalten, wie "man" ist? Warum glauben viele Menschen, eine perfekte Rolle spielen zu müssen, z.B. den perfekten Ehemann oder die perfekte Ehefrau, wenn z.B. eine Familienfeier ansteht? Ist es unangemessen, "unperfekt" zu sein, ggfs. Fehler zu haben und zu zeigen? Ist es z.B. unangemessen, besonders liebevoll mit seinem Partner oder seinen Kindern umzugehen, wenn der Chef anwesend ist?

- Es wird Ihnen nicht möglich sein, ganz aus Ihrem Rollenverhalten herauszukommen, aber ich empfehle Ihnen, Ihr Verhalten in jeder Situation zu hinterfragen und zu beobachten, ob Sie sich gerade so verhalten, wie Sie es normalerweise tun würden, wenn irgendjemand nicht im Haus ist, der von Ihnen evtl. ein bestimmtes Verhalten erwartet. Haben Sie den Mut, authentisch zu sein und sich so zu geben, wie Sie wirklich sind. Das erleichtert Ihr Leben und macht Sie sehr sympathisch. Man wird Sie sogar beneiden für Ihre Offenheit und Ehrlichkeit. Das macht Sie tatsächlich zu einem Gewinner.

6.41. Schauen Sie den Menschen in die Augen

Ich bin immer sehr vorsichtig bei Menschen, die mir nicht in die Augen schauen. Ich frage mich unwillkürlich, ob das jemand etwas zu verbergen hat. Umgekehrt habe ich immer wieder feststellen dürfen, dass es sich gelohnt hat, dem Menschen, mit dem ich gerade kommuniziere, bewusst tief in die Augen zu schauen.

➢ Ich halte es für eine lohnenswerte Übung, sich darauf zu konzentrieren, dem Menschen, mit dem Sie gerade zu tun haben, bewusst in die Augen zu sehen. Es mag sich zu Beginn etwas ungewohnt anfühlen, aber ich verspreche Ihnen, es lohnt sich, weil Sie mit einmal ganz anders "wahrgenommen" werden.

6.42. Lächeln Sie

Können Sie lächeln? Dann tun Sie es? Es laufen so viele Menschen griesgrämig und verstockt durch die Welt. Warum nur? Wem hilft das?
Meine Frau fing irgendwann an, sich einen Spaß daraus zu machen, Menschen beim Einkaufen bewusst anzulächeln. Im ersten Moment waren und sind viele Menschen irritiert, aber fast immer folgte und folgt als Antwort ... ein Lächeln.

Und jedes Lächeln tut gut, sowohl dem Lächelnden, als auch dem Angelächelten.

Meine Frau und ich sind alles andere als kontaktscheu. Das führt seit langem dazu, dass wir Menschen überall ansprechen. Ein Gesprächsthema findet sich immer. Beim Einkaufen, im Restaurant, an der Tankstelle, im Kino. Egal wo, wie lassen uns auf Menschen ein und verhalten uns offen und herzlich. Ganz egal, wie alt die Menschen sind, die wir ansprechen, welche Nationalität sie haben, welcher Religion sie angehören usw. Solche "Nebensächlichkeiten" sind uns egal. Wichtig ist, den Menschen, die Seele wahrzunehmen und wertzuschätzen, z.B. mit einem netten Wort oder auch "nur" mit einem aufrichtigen Lächeln.

Wir haben mit diesem Verhalten noch nie eine negative Resonanz erlebt. Ok, mal war jemand etwas zurückhaltender und scheuer, als andere, aber wir grundsätzlich war die Reaktion positiv und freundlich. Hat sich damit irgendjemand einen Zacken aus der Krone gestoßen? War es für irgendjemanden von Nachteil? Natürlich nicht, alle haben sich ein bisschen besser gefühlt.

➢ Ich möchte Sie ermutigen, das Leben und die Menschen, die Ihnen begegnen, positiv "anzunehmen" und möglichst viel zu lächeln. Sie werden sehen, es wird allen Beteiligten gut tun. Jeder wird "etwas" gewinnen.

6.43. Seien Sie oft für Neues und Unbekanntes

Gehören Sie zu den Menschen, die erst einmal "Angst vor Neuem" haben, die gegenüber fremden Menschen, unbekannten Technologien oder vielleicht sogar befremdlich wirkenden Verhaltensweise und Bräuchen auf Abstand gehen? Damit gehören Sie zu den "Normalos". Ganz nach dem Motto "Was der Bauer nicht kennt, das frisst er nicht."

Diese Einstellung hat nichts mit Ihrer Abstammung, Ihrer Intelligenz oder sonstiger Äußerlichkeiten zu tun, sondern ist z.T. instinktiv verankert und zum großen Teil erlernt. Wenn Kinder z.B. von ihren Eltern hören "Spiel nicht mit fremden Kindern" o.ä., dann wird sich im Unterbewussten verankern "Vorsicht. Fremd ist nicht gut.". Folgerichtig wird man sich gegenüber Fremdem und Neuen zurückhaltend, wenn nicht sogar zurückweisend verhalten.

Kennen Sie den Film "Der Ja-Sager"?

> Der Ja-Sager ist eine US-amerikanische Filmkomödie aus dem Jahr 2008, bei der Peyton Reed Regie führte und Jim Carrey die Hauptrolle spielt. Der Film basiert auf einer wahren Begebenheit sowie auf dem Buch „The Yes Man" des schottischen Autors Danny Wallace.
>
> Carl ist ein geschiedener Mann mittleren Alters, der in Los Angeles lebt und sein Geld als Kreditberater verdient. Er vermeidet soziale Kontakte, um seiner Exfrau Stephanie mit ihrem neuen Freund nicht zu begegnen, und ignoriert dabei auch die Anrufe seiner Freunde.

Carl trifft auf Nick, einen früheren Kollegen, der sich anscheinend komplett geändert hat. Dieser empfiehlt Carl ein Motivationsseminar. Carl vergisst an diesem Tag die Verlobungsfeier seines besten Freundes Peter. Daraufhin entscheidet sich Carl, das Motivationsseminar zu besuchen, bei dem er öffentlich auf seine Probleme vom Guru Terrence Bundley angesprochen wird. Eingeschüchtert schwört er sich, dass er nicht mehr „Nein", sondern nur noch „Ja" sagen wird.

Nach dem Seminar fragt ihn ein Obdachloser, ob Carl ihn mitnehmen könnte. Carls Instinkt will „Nein" sagen, aber Nick erinnert ihn, dass die richtige Antwort „Ja" ist. Am Ziel angekommen, fragt der Obdachlose nach dem Geld in Carls Brieftasche, das Carl ihm widerwillig gibt. Als Carl daraufhin feststellt, dass er keinen Sprit mehr im Tank hat, läuft er zu einer Tankstelle, an der er Allison trifft. Sie hat Mitleid mit ihm und fährt ihn mit ihrem Motorroller zu seinem Wagen zurück.

Ermutigt von ihrer Spontanität und seinem neu gefundenen Sinn für Möglichkeiten, fragt Carl sie rhetorisch, ob sie rumknutschen wollen, da er denkt, dass sie „Nein" sagen wird, jedoch küsst sie ihn. Nach diesem Erlebnis sagt Carl zu allem und jedem „Ja". Nachdem er im Beruf eine Beförderung erhält, weil er zustimmt, auch samstags zu arbeiten, geht er mit seinen Freunden feiern. Als Carl dann noch zusagt, seiner älteren Nachbarin zu helfen, die ihm verspricht, ihn dafür sexuell zu entlohnen, bricht er seinen Schwur und sagt „Nein". Daraufhin passieren ihm in kürzester Zeit einige

Missgeschicke, so dass er zur Nachbarin zurückkehrt und sein „Nein" zurücknimmt.

Er nutzt daraufhin jede Gelegenheit, „Ja" zu sagen, und nimmt dabei Flugstunden, lernt koreanisch und Gitarre spielen. Das „Ja"-Sagen funktioniert dabei immer zu Carls Vorteil. Erstmals geht er auf ein Konzert, zu dem er zuvor Einladungen immer abgelehnt hat. Es stellt sich heraus, dass Allison die Lead-Sängerin ist. Obwohl die Band sonderbar klingt und das Publikum spärlich ist, ist Carl doch von Allisons Spontanität und ihren Eigenarten angetan. Allison und Carl fangen daraufhin an, sich zu treffen.

In der Bank stimmt Carl von nun an jedem Kredit zu, der auf seinen Tisch kommt. Diese scheinbar gewagte Herangehensweise beim Verleihen von Geld bringt ihm eine Beförderung als Vorstand im Gebiet der Mikrokreditvergabe. Carl kann durch sein neu erlerntes Gitarrenspiel einen Mann vom Selbstmord abhalten.

Als die Beziehung von Carl und Allison gedeiht, treffen sich die beiden auf dem Flughafen zu einem spontanen Wochenendausflug. Dabei fragt Allison Carl, ob er bei ihr einziehen will. Carl zögert, sagt schließlich doch zu. Als Carl für den Rückflug einchecken will, wird er von FBI-Agenten verhaftet. Diese haben den Verdacht, dass Carl ein Terrorist sei, da er Flugstunden genommen habe, Koreanisch lernt sowie einen Kredit für eine Düngemittelfirma zugesagt, eine persische Frau getroffen und spontan Flugtickets gekauft hat.

Carl ruft Peter an, der nicht nur sein bester Freund, sondern zugleich auch sein Anwalt ist. Dieser reist zu Carl und erklärt dem FBI, dass Carl kein Terrorist sei und sein seltsamer Lebensstil damit zu erklären ist, dass er zu allem „Ja" sagt. Dies hört auch die anwesende Allison und zweifelt fortan, ob Carls Hingabe immer ehrlich war. Sie erfährt von seiner Ehe und deren Scheidung, die er ihr gegenüber nie erwähnt hat. Daraufhin entscheidet sie ungeachtet Carls Gefühle, dass sie einem Mann, der sich verpflichtet hat, immer „Ja" zu sagen, nicht vertrauen kann. Allison verlässt Carl am Flughafen, der erfolglos versucht, Kontakt zu ihr herzustellen.

Als Carl begreift, dass Allison sich von ihm getrennt hat, ruft seine Ex-Frau Stephanie an, deren Freund mit ihr Schluss gemacht hat. Carl will sie trösten, Stephanie wünscht sich die „alten" Zeiten zurück. Daraufhin sagt er „Nein" und sein Glück verschwindet.

Aus Verzweiflung sucht Carl Terrence Bundley auf, damit dieser ihn von dem „Ja"-Schwur erlösen möge. Carl versteckt sich dazu auf dem Rücksitz von Bundleys Cabrio und spricht ihn während der Fahrt an. Bundley erschrickt daraufhin und fährt in ein entgegenkommendes Auto. Carl wacht einige Stunden später im Krankenhaus auf, um vom wütenden Bundley zu erfahren, dass es niemals einen Schwur gab und er nie gezwungen war, zu allem „Ja" zu sagen. Seine Intention war es lediglich, Carl auch andere Möglichkeiten zu zeigen und nicht ihm die Fähigkeit zu nehmen, „Nein" zu sagen, wenn es erforderlich sei. Von dieser Hemmung befreit, fährt er zu Allison und entschuldigt sich bei ihr. Er sagt ihr, dass er vorerst nicht mit ihr zusammenziehen will, sie trotzdem liebt und nicht nur mit ihr zusammen war, weil er nicht „Nein" sagen konnte.

Carl und Allison verteilen gemeinsam aus einem Lkw eine umfangreiche Kleiderspende an einer Ausgabestelle für Obdachlose. Bundley erstarrt bei seinem nächsten großen Auftritt, weil sein komplettes Publikum nackt ist, da sie alle nicht „Nein" sagen konnten und die gesamte Kleidung an Carl und Allison gespendet haben.[8]

Ich möchte Sie nun nicht ermutigen, Ihre Kleidung zu spenden und nackt herum zu laufen. Auf keinen Fall. Was ich jedoch an diesem Film schätze, ist die Intention, viel mehr zu den Chancen des Lebens "Ja" zu sagen. Seien Sie offen für Neues und Unbekanntes. Sie können erst einschätzen, ob Ihnen etwas schmeckt, wenn Sie es gekostet haben. Sie können erst einschätzen, ob Menschen zu Ihnen passen, wenn Sie sie kennengelernt haben. Sie können erst einschätzen, ob ein Land und seine Bewohner Ihren Vorstellungen entsprechen, wenn Sie dort waren. Und so weiter.

➢ Sagen Sie Ja zum Leben. Seien Sie offen für Neues und Unbekanntes. Erkennen Sie die Chancen und

[8] https://de.wikipedia.org/wiki/Der_Ja-Sager

Möglichkeiten und lassen Sie sich darauf ein. Ihr Leben wird ganz sicher an Fülle gewinnen und Überraschungen bieten, die dazu führen, dass Sie sich als Gewinner fühlen.

6.44. Erkennen Sie Schönheit

Mit der Empfehlung "Erkennen Sie Schönheit" meine ich nicht, dass Sie auf besonders hübsche Menschen achten sollen, z.B. auf Models. Schönheit liegt sowieso im Auge des Betrachters, und die Schönheitsideale ändern sich. Was heute noch als besonders hübsch gilt, kann morgen schon zum weggucken animieren.

Wahre Schönheit ist jedoch unvergänglich. Haben Sie sich schon mal bewusst in der Welt umgesehen und die Wunder der Natur nahe und ausgiebig betrachtet. Eigentlich ist es egal, wohin man in der Natur sieht, es gibt überall Wunderbares und Wundervolles zu entdecken.

Man muss nicht nach Alaska fahren, um dort Bären beim Fangen von Lachsen zu bewundern, auch bei uns vor Ort gibt es jede Menge kleine Wunder zu bestaunen. Ein Schmetterling, der von Blüte zu Blüte schwebt, das frühmorgendliche Singen der Vögel, die Kreativität von Wolkenansammlungen, das Rauschen eines Baches, das Kribbeln von Sonnenstrahlen auf der Haut, der Duft von Rosmarin und Lavendel. Diese Liste könnte ich nahezu unendlich fortführen.

Aber nicht nur die Natur bietet Schönes, was Sie ehren und wertschätzen können. Es kann ebenso erfüllend sein, mit dem Cabrio zum nächsten See oder Fluss zu fahren, im Garten mit Freunden zu sitzen, mit seinem Partner ein leckeres Mahl zu genießen, die Sonnenstrahlen im August aufzusaugen oder über einen frisch gemähten Rasen zu schlendern.

Wenn Sie sich auf das konzentrieren, was Sie gerade nicht haben, z.B. die Antilopen in Afrika, die Pandas in China, die Koalas in Australien oder die Papageien im Amazonasgebiet, werden Sie immer etwas "Fehlendes" spüren, Sie werden ein Mangelbewusstsein entwickeln, das nie zu Ihrem emotionalen und realen Vorteil gereichen kann. Wenn Sie sich jedoch bewusst auf das fokussieren, was Ihnen die Welt, in der Sie leben, bietet, dann werden Sie die Fülle erkennen und für jede Kleinigkeit dankbar sein können.

➢ Erkennen Sie die Schönheit in den kleinen Dingen des Lebens. Eine Blume, ein freier Parkplatz, ein leckerer Kaffee, der Sonnenschein, einen Marienkäfer und so vieles mehr, was das Leben bietet. Wenn Sie Ihre Fülle erkennen und für alles dankbar sind, können Sie nicht anders, Sie "müssen" sich als ein Gewinner fühlen. Sie leben auf der Gewinner-Seite.

6.45. Verstärken Sie Ihr Glück durch Ihr Denken

Jeder kennt das Gefühl von überbordendem Glück, eine Situation, wo man die ganze Welt umarmen könnte. Kann selbst dieses Glücksgefühl nur durch das eigene "Denken" erschaffen werden?

Die klare Antwort: Ja ...

- Glück entsteht ausschließlich im Denken und Fühlen.

Sie können im Hochgefühl des Glücks binnen Sekunden völlig deprimiert sein oder umgekehrt in einer tiefen Depression stecken und binnen Sekunden ein völliges Glücksgefühl empfinden, allein nur durch neue Gedanken. Ein Beispiel:

- Sie befinden sich in einem Hochgefühl des Glücks, denn Sie haben gerade erfahren, dass alles, was Sie sich gewünscht haben, in Erfüllung gegangen ist. In der nächsten Sekunde sind Sie zutiefst deprimiert und unglücklich, weil Sie von dem Tod eines nahen Verwandten erfahren.

- Sie sind deprimiert und suizidgefährdet, weil Sie Ihren Job und Ihr Haus verloren haben und Sie nun weder ein noch aus wissen. Das Gefühl verändert sich schlagartig, als Sie erfahren, dass Sie den Lotto-Jackpot gewonnen haben und nie wieder finanzielle Sorgen haben werden.

Was ist in den jeweiligen Situationen passiert? Eigentlich nicht viel, nur Ihre Gedanken wurden durch dazugekommene Informationen neu fokussiert. Diese neuen Gedanken führten sofort zu einer Gefühlsreaktion.

➢ Wenn Sie somit wissen, dass Ihr Denken zu Ihren Gefühlen wird und Sie, wovon ich ausgehe, positive Gefühle bevorzugen, dann üben Sie, egal was passiert, über die Äußerung, das Ereignis, die Menschen usw. positiv zu denken, um selbst zu positiven Gefühlen zurück zu finden. Je öfter Sie dies üben, desto leichter wird es Ihnen mit der Zeit fallen und desto positiver werden Sie Ihr Leben wahrnehmen.

6.46. Geist-Körper-Programmierung

Sie wissen bereits:

➢ Sie bekommen nicht, was Sie wollen, sondern das, was Sie denken und glauben.

Trotzdem kann man die Zielerreichung auch ohne das Wissen um die Ursache eines Hindernisses unterstützen. Hierfür gibt es eine Reihe von Ansatzpunkten in Form einer Geist-Körper-Programmierung, z.B.

➢ Nutzen Sie die positive Kraft der Gedanken, denn alles geschieht durch Resonanz mit positiven Gedanken und daraus folgend positiven Gefühlen. Krankheit und Misserfolg kann es nur außerhalb der Balance geben, d.h. in einem Ungleichgewicht. Hören Sie in sich hinein, was nicht stimmt. Hören Sie auf die Antwort Ihres Unterbewussten.

- Eine glückliche Stimmung führt zu glücklichen Gedanken. Danken Sie für all das Positive, was auf Sie noch wartet. Danken Sie für das Gefühl von Hoffnung, Kraft und Erfolg.

- Schicken Sie einen Hinweis an Ihr Unterbewusstes, dass Sie Ihre Verantwortung für Ihren Erfolg anerkennen und fordern Sie Ihr Unterbewusstes auf, alles zu unternehmen, um die positiven Resultate voran zu treiben.

- Stellen Sie sich Ihr Wunsch- und Glaubenssystem als starken und praktisch unüberwindlichen Superhelden vor, der jedem Widersacher (negative Gedanken, Neid, Missgunst etc.) gewachsen ist und ihn besiegen wird.

- Stellen Sie sich Ihre Gedanken und Gefühle bildhaft vor und lassen Sie negative Gedanken und Gefühle von Ihrem Erfolgsgedankensystem (Müllabfuhr) abholen (z.B. durch Schwitzen) oder Ihre innere Feuerwehr spritzt bildhaft Blätter (negative Gedanken und Gefühle) weg.

6.47. Begeben Sie sich in Ihre Ziel-Resonanzfelder

An welchen Orten werden Sie sich wohler fühlen, wenn Sie ab sofort Ihre Gedanken disziplinieren und sich positiv ausrichten? Dort, wo Menschen überwiegend von Krankheiten, Niederlagen, negativen Erfahrungen und Verlust sprechen, oder an Orten, wo die Hauptthemen Gesundheit, siegen, positive Erlebnisse und Gewinn lauten? Wo werden Sie voraussichtlich eher darauf konzentrieren können, nur noch positiv zu denken und in allem das Gute anzunehmen? Die Antwort liegt auf der Hand.

Wenn Sie sich zukünftig positiv ausrichten und fokussieren möchten, dann ist dies sicherlich in einer Umgebung leichter, in welcher die Menschen, mit denen Sie zu tun haben, ähnlich "ticken". Sie werden ganz sicher eher ein schickes Haus und ein schönes Auto besitzen, wenn Sie sich mit Menschen umgeben, die dies schon erreicht haben, als wenn Sie sich bevorzugt in einer Umgebung aufhalten, die Armut ausstrahlt und deren Menschen sich in erster Linie Sorgen um das tägliche Überleben machen und Angst haben, nie Geld und Erfolg erreichen zu können.

Alles das, was Sie für sich erreichen möchten, sollten Sie ausstrahlen. Aber Sie sollten dies in einer Umgebung tun, wo Sie diese Ziele sehen und fühlen können, deshalb:

- Begeben Sie sich in positive Resonanzfelder. Halten Sie sich in erster Linie dort auf, wo Sie das sehen und fühlen können, was Sie für sich verinnerlichen. Treffen Sie Menschen, die das widerspiegeln, was Sie erreichen möchten. Werden Sie eins mit Ihren Zielen und Gefühlen, indem Sie diese Resonanzfelder "aufsaugen".

6.48. Vertrauen beobachten, pflegen und stärken

Vertrauen zu einer Person, einer Sache oder in etwas basiert auf Erfahrungswerten, etwas Gelerntem, und wächst mit beständiger Wiederholung und Bestätigung des vormals Erlebtem.

Dies kann man auf alle Bereiche übertragen, die uns im täglichen Leben begegnen. Diese Erkenntnis führt zu der einfachen Empfehlung für die Stärkung Ihres Vertrauens in Ihre Handlungsmöglichkeiten bzw. Ihre Schaffenskraft:

➢ Wenn etwas Einfaches funktioniert, dann funktioniert auch mehr. Also fangen Sie mit etwas Einfachem an.

Wenn Sie mehrfach darauf erfolgreich vertrauen, den Parkplatz zu bekommen, auf welchem Sie gerne parken möchten, dann wird Ihr Unterbewusstes mit jedem Erfolgserlebnis immer mehr daran glauben, dass eine solche "Bestellung eines Parkplatzes" tatsächlich möglich ist. Man nennt dies ein Überzeugungsphänomen.

Bedeutet es für Sie eine große Überwindung, mit solchen Vertrauensversuchen einen ersten Schritt zu unternehmen, um Ihre Schaffenskraft kennenzulernen? Ok, kein Problem, dann fangen Sie noch kleiner an. Ein paar Beispiele:

- Vertrauen Sie bewusst darauf, genau das leckere Brötchen zu bekommen, das Sie gerne in der nächsten Bäckerei kaufen möchten ...

- Vertrauen Sie bewusst darauf, beim nächsten Einkauf ein Schnäppchen zu machen, egal was ...

- Vertrauen Sie bewusst darauf, dass Ihnen "heute" etwas Besonderes passiert, ohne dass Sie sich festlegen, was dies sein könnte ...

Mit diesen kleinen Schritten werden Sie sukzessive immer mehr Vertrauen gewinnen und im Laufe von Wochen und Monaten immer konkretere Bestellungen mit Vertrauen unterfüttern. Und warum sollten Sie dies unbedingt üben?

➢ Wer nicht den ersten Schritt wagt, kann sich zwar keinesfalls verlaufen, aber auch kein Ziel erreichen.

Und wenn ich Sie richtig einschätze, dann möchten Sie unbedingt ein Ziel erreichen, ansonsten würden Sie dieses Buch nicht lesen. Ich weiß es und kann es deshalb nur nochmal mit Nachdruck wiederholen:

➢ Wovon man überzeugt ist, was man mit Gefühl verstärkt und aus tiefstem Herzen glaubt, manifestiert sich.

Wichtig ist es, sich auf das eigene Ziel zu fokussieren, egal was andere sagen. Lassen Sie neues Wissen (Erkenntnis) im Unterbewussten wirken und verbannen Sie alles Entgegengesetzte aus den bewussten Gedanken, indem Sie das Konstruktiv-Positive immer und immer wieder dankbar wiederholen. Das, was Sie früher als Wunder angesehen haben, wird für Sie immer mehr zum Normalen werden. Sie müssen sich nur selbst vertrauen .

6.49. Glauben und Wunder zulassen

Sobald Sie wissen, was Sie wirklich-wirklich-wirklich wollen, stellen Sie Ihr Bewusstsein bitte auf "Empfang". Seien Sie bereit für Erstaunliches, Überraschendes und Wunder.

Jetzt mag der eine oder andere Leser nicht an "Zufälle" und "Wunder" glauben. Bei dem Begriff "Zufall" gebe ich Ihnen recht, alles fällt uns nach unserem Denken zu. Aber bei dem Begriff "Wunder" bin ich inzwischen offen für alles. Mich kann nach so vielen positiven Erfahrungen kaum noch etwas überraschen. Ich bin zwar jedes Mal aufs Neue begeistert, aber immer seltener wirklich überrascht. Ich empfinde das jeweilige neue "Wunder" inzwischen (fast) nur noch als Bestätigung dessen, was ich immer wieder proklamiere.

Dabei verstehe ich unter Wunder nicht, dass ich mit einmal fliegen kann oder mir ein dritter Arm wächst. Solch einen Unfug kann man ruhigen Gewissens beiseite lassen. Es geht mir vielmehr um die "kleinen Wunder des Lebens", z.B. dass man genau in dem Moment Hilfe erhält, wenn man sie dringend benötigt und gar nicht damit rechnet. Oder wenn ein Krankheitssymptom von heute auf morgen verschwindet und kein Arzt dies erklären kann. Dieses beides und noch viel mehr haben meine Frau und ich erlebt.

Ich meine, das einzige Problem, das Wundern im Weg steht, sind Sie. Nicht vielleicht Sie, lieber Leser, der sich ab sofort Wundern öffnet und dazu bereit ist, diese zuzulassen. Aber Sie, die große Masse, die so aufgeklärt ist, die alles aus der Schule, den Medien usw. "weiß", wird womöglich bei dem Begriff "Wunder" die Augen verdrehen und sich fragen, wie jemand, der u.a. Physik studiert hat, so etwas schreiben kann.

Nun ich will es Ihnen erklären. Auf meinem Lebensweg und während meines fortlaufenden Lernprozesses habe ich "Wunder" erlebt. Ich habe oftmals nur noch gestaunt, meistens gemeinsam mit meiner Frau, und mich gefragt, wie dies oder jenes möglich war/ist. Dabei habe ich vor allem gelernt, anzunehmen und dankbar zu sein, was ich für einen wichtigen Baustein für "Wunder" erachte.

➢ Seien Sie offen für Wunder. Lassen Sie Wunder zu. Erkennen Sie sie und freuen Sie sich darüber. Seien Sie dankbar für jedes kleine "Wunderchen".

6.50. Vertrauen Sie Ihrer Intuition

Können Sie sich an Situationen erinnern, in denen Ihr "Bauch" rumort hat, Sie aber trotzdem Ihrem Kopf, Ihrer Ratio, Ihrem Ego gefolgt sind und nicht auf Ihren Bauch, Ihre Intuition gehört haben? Ich kann mich an solche Situationen zu Hauf erinnern. Leider, denn diese Gegen-den-Bauch-Entscheidungen waren immer falsch und haben nie zu positiven Erfahrungen geführt. Und zwar in 100% aller Fälle, zumindest bei mir.

Ist es nicht erstaunlich, dass "der Bauch" in 100% aller Fälle recht gehabt hat? Und trotzdem hat man immer und immer wieder die Erfahrung machen "müssen", dass es ein Fehler ist, nicht auf "seinen Bauch zu hören". Warum lernt man so etwas nicht nach dem ersten Fehler, vielleicht beim zweiten Negativerlebnis oder zumindest nach dem dritten Reinfall?

Ich erkläre mir diese Erkenntnisresistenz damit, dass man im Laufe seines Erwachsenenwerdens verlernt hat, seiner Intuition zu vertrauen. Stattdessen lernt man von klein auf, in der Schule, an der Universität usw., dass alles logisch erklärbar ist und der Verstand die Entscheidungen zu treffen hat. Ich empfehle Ihnen:

➢ Lernen Sie um. Befragen Sie bei jeder anstehenden Entscheidung bewusst "Ihren Bauch" und vor allem: Vertrauen Sie Ihrer Intuition!

6.51. Stehen Sie für Ihre Überzeugungen ein

Ich habe in einem vorherigen Punkt dargelegt, dass Sie selbst denken und alles hinterfragen sollen. Auch habe ich Ihnen in einem anderen Unterkapitel empfohlen, Negatives wie Krieg, Terror, Gewaltverbrechen, Betrug, Horror, Neid, Missgunst usw. aus Ihrem Nachrichten- und Medienkonsum zu verbannen. Das heißt aber nicht, dass Sie nicht handeln sollen, wenn Sie es können, ggfs. auch gegen Gewalt usw.

Einige Freunde von meiner Frau und mir stehen für Ihre Überzeugungen ein und sind über die Medien, z.T. über die alternativen Medien, sehr bekannt geworden. Sie klären auf, z.B. über politische Sachverhalte, über das Medizin- und Pharmasystem, über unnütze und z.T. gefährliche Diagnosen und Therapien, über alles, was die Menschen eigentlich "besser" widerspruchslos akzeptieren "sollen", was man ihnen "vorsetzt". Dieses Einstehen für Überzeugungen, selbst wenn man diffamiert wird oder es sogar gefährlich werden kann, ist ein hohes Gut, vor dem ich nur nachdrücklich den Hut ziehen kann. Chapeau!

Etwas Ähnliches möchte ich auch Ihnen empfehlen. Das heißt nicht, dass Sie jetzt auch Bücher schreiben und kritische Videos bei Youtube hochladen sollen. Es geht mir viel mehr darum, dass Sie "Ihr wahres Ich" erkennen, das, was Sie wirklich sind, annehmen und für Ihre Überzeugungen, auch wenn es z.B. der Obrigkeit oder Ihren Mitmenschen nicht gefallen sollte, einstehen.

Wenn Sie nämlich ganz im Gegenteil Ihre Vorstellungen und Überzeugungen unterdrücken, werden Sie irgendwann Ihre Ohnmacht spüren, Ihr Unterbewusstes wird rebellieren, und es werden sich Symptome zeigen, die dann die Schulmedizin mit Medikamenten behandelt wissen möchte.

- Trauen Sie sich, für Ihre Überzeugungen einzustehen, denn nur Verlierer geben schon vorher auf. Sieger sind diejenigen, die vorneweg gehen, sich selbst als Macher sehen und sich nicht von jedem Gegenwind verbiegen lassen. Auch wenn Sie womöglich mal in einem Wirbelsturm stehen, werden Sie dennoch immer mit Ihrem "Bauch" wissen, dass Ihre Entscheidung zum "Geradestehen" richtig war. Und das macht Sie in Ihrem Denken zu einem Sieger. Das ist das wichtigste.

6.52. Lernen durch Wiederholung

Wie lernt man? Indem man einmal etwas tut, und dann klappt es? Oder indem man etwas immer und immer wieder wiederholt? Die Antwort kennen Sie.

Als Sie als kleines Kind angefangen haben, das Laufen zu erlernen, haben Sie viele Fehlversuche in Kauf genommen, ohne von Ihrem Ziel abzurücken. Warum? Weil es Ihnen unheimlich wichtig war, ein Ziel zu erreichen, z.B. ein Glas Nutella aus dem Schrank holen zu können. Sämtliche Fehlschläge waren nur Stufen auf der Leiter zum Triumph, denn letztendlich haben Sie das Laufen erlernen können.

Ähnlich verhielt es sich mit dem Erlernen Ihrer Muttersprache. Sie mussten sich nicht anstrengen, Sie hatten lediglich Ihr Ziel im Fokus, nämlich durch gesprochene Worte deutlich machen zu wollen, was Sie gerne hätten, z.B. dass man Ihnen das Glas Nutella aus dem Schrank holen möge.

Was war dabei das wichtigste, um die Hilfsmittel "laufen" und "sprechen" gelernt haben zu können? Die stetige Wiederholung! Haben wir nach dem ersten Hinfallen aufgegeben, weil das Laufen vielleicht doch nicht so leicht ist, wie es bei den Erwachsenen aussieht? Nein, natürlich nicht. Egal wie oft wir hingefallen sind, wir haben es immer weiter versucht, bis wir es konnten.

Und wie ist es später? Wie war es in der Schule? Haben Sie z.B. eine Fremdsprache gelernt, indem Sie alle Vokabeln und die Grammatik so oft wiederholt haben, bis Ihnen beides in Fleisch und Blut übergegangen ist? Oder haben Sie nur das Nötigste gemacht, um "irgendwie durchzukommen"? Wie haben Sie die Inhalte anderer Fächer gelernt, z.B. den Stoff, dem Sie wenig Interesse beigemessen haben?

Und heute? Versuchen Sie es auch immer und immer wieder, bis Sie etwas Neues gelernt haben? Oder "denken" Sie sich, dass es ausreicht, sich ein Grundwissen oder Grundkönnen, z.B. in einer Sportart, anzueignen, weil es ausreicht, dass es Spaß macht? Wie lernen Sie heute, wenn Sie etwas lernen müssen oder alternativ lernen möchten?

Meinen Kindern erklärte ich immer, dass das schwierigste am Lernen das "Lernen" ist. Wie lernt man richtig? Wie schafft man es, den Stoff, z.B. einer Prüfung, so im Gedächtnis zu verankern, dass er auf Anforderung abrufbar ist? An diesem Punkt kommen wir folgerichtig zu dem fast noch wichtigeren Punkt eines erfolgreichen Lernens, der auch für das Siegersystem von Bedeutung ist:

Reicht es aus, etwas immer wieder und wieder zu wiederholen, um es zu verinnerlichen? Oder gibt es etwas, was für ein zielführendes Lernen mindestens genauso wichtig ist?

Bitte beachten Sie bei den Beispielen "laufen lernen" und "sprechen lernen", dass es Ihnen nicht darum ging, laufen oder sprechen zu können. Beides waren nur die notwendigen Hilfsmittel, um das erreichen zu können, was Ihnen tatsächlich wichtig war, nämlich zu einem bestimmten Punkt zu kommen, z.B. an den Schrank mit den Süßigkeiten oder zu Ihren Eltern etc., oder etwas verbal verdeutlichen zu können, z.B. dass Sie Hunger haben. Das Laufen und das Sprechen selbst waren nur die hierfür zielführenden Hilfsmittel. Das Lernen mit dem emotionalen Vorteil, nämlich selbstbestimmt Nutella aus dem Schrank holen oder die Familie um das Herausholen des Glases Nutella bitten zu können, hat das Lernen ohne jede bewusste Anstrengung leicht gemacht.

Ähnlich verhält es sich während Ihres kompletten Lebens. Wenn Sie etwas lernen "müssen", bei dem sich Ihnen der Sinn nicht erschließt, Sie also den Stoff pauken müssen, ohne einen emotionalen Nutzen zu haben, dann wird Ihnen dieses Lernen immer schwer gefallen sein bzw. es wird zumindest eine Überwindung bedeutet haben.

Als Ergebnis dieser Überlegungen liegt es auf der Hand, dass nicht nur die Wiederholung eines Lernstoffes für das Lernergebnis von Bedeutung ist, sondern wahrscheinlich die emotionale Bedeutung des Lernziels noch wichtiger ist. Darum ist diese Emotionalität bei der Umsetzung des Siegersystem-Konzepts von zentraler Bedeutung.

6.53. Danken lernen

➢ Nehmen Sie alles von der leichten Seite und bedanken Sie sich für alles, was Sie erleben "dürfen", denn erst im Rückblick werden Sie erkennen können, wie wertvoll gerade diese Erfahrung für Sie gewesen ist. Also denken Sie sich glücklich, denn alles andere ist viel anstrengender und weniger angenehm.

Denken Sie ein paar Sekunden darüber nach, was Sie erwarten, wenn Sie etwas verschenken, z.B. zu Weihnachten oder zu einem Geburtstag. Auf der einen Seite freuen Sie sich, wenn das Geschenk auf eine positive Resonanz stößt, auf der anderen Seite ist es Ihnen aber bestimmt mindestens genauso wichtig, dass man sich bei Ihnen bedankt.

Wenn wir nun wie hergeleitet wissen, dass alles, was Sie in Ihr Leben ziehen möchten, gedacht werden muss, dann halte ich es für naheliegend, das zu denken, was man tatsächlich anstrebt. Allerdings, und dies ist der entscheidende Unterschied zu einem Mangelbewusstsein, sollte man diese Gedanken nicht als "Ich will haben ..." denken, sondern als "Vielen Dank, dass ich habe ...".

Kommt Ihnen dies bekannt vor? Diese einfache Feststellung haben Sie womöglich schon tausendfach gelesen. Solche Wahrheiten stehen in allen Religionsbüchern, wie z.B. der Bibel, aber auch in Büchern, die erst in den letzten Jahren populär geworden sind, z.B. "The Secret".

Es gibt nur zwei Unterschiede zu vielen Büchern, die Ähnliches schreiben. Zum einen habe ich versucht, die Begründung für dieses Wissen wissenschaftlich und logisch herzuleiten und u.a. mit physikalischen Ableitungen zu untermauern. Zum anderen versuche ich zu erläutern, warum dieses Wissen bei den meisten Menschen trotzdem keinen Erfolg nach sich zieht und was man tun kann, um diesen Erfolg doch noch zu erreichen. Wissen und Denken reichen hierfür nicht.

Trotzdem empfehle ich Ihnen bereits an dieser Stelle, ab sofort Ihr Denken dahingehend neu auszurichten, dass Sie sich für alles bedanken, was Ihnen tagsüber passiert, denn absolut nichts ist selbstverständlich. Ein paar Anregungen:

- "Vielen Dank, dass ich heute morgen aufgewacht bin und leben darf ..."
- "Vielen Dank, dass ich ein Dach über dem Kopf habe und nicht auf der Straße leben muss ..."

- "Vielen Dank, dass ich ein die Möglichkeit habe, mich morgens zu waschen und die Zähne zu putzen ..."
- "Vielen Dank, dass ich morgens etwas zu essen und ein gutes Auskommen habe ..."
- "Vielen Dank, dass ich bemerke, dass die Vögel zwitschern und die Sonne scheint ..."
- "Vielen Dank, dass ich einen Job habe, der mir die Möglichkeit bieten, mein Einkommen selbst zu verdienen ..."
- "Vielen Dank, dass ich genug Geld habe, mir all das leisten zu können, was ich brauche ..."
- "Vielen Dank, dass ich einen Parkplatz direkt vor dem Kaufhaus gefunden habe ..."

Sie halten dies für übertrieben? Schließlich ist fast alles davon selbstverständlich? Ich widerspreche Ihnen nachdrücklich. Nichts, absolut nichts, ist selbstverständlich. Alles, was Sie sehen und erleben, ziehen Sie durch Ihr Denken in Ihr Leben. Was spricht also dagegen, das zu verstärken, was Ihnen gut gefällt? Was spricht folgerichtig dagegen, sich für all das zu bedanken, was Sie gerne weiterhin in Ihrem Leben manifestieren möchten?

Meine einfachen Gegenfragen lauten: Kennen Sie einen besseren Weg, sich auf das zu fokussieren, was positiv in Ihrem Leben ist? Kennen Sie eine einfachere Möglichkeit, sich alles Gute und Positive in Ihrem Leben bewusst zu machen? Kennen Sie eine angenehmere Umprogrammierung Ihres Denkens, als bewusst möglichst nur noch das Gute im Leben zu erkennen, als ein Mangelbewusstsein zu stärken?

Darum lautet meine nachdrückliche Empfehlung:

- Bedanken Sie sich so oft Sie nur können für alles, wirklich absolut alles. Es gibt kein Zuviel an Danke.

Dass das Siegersystem-Konzept dieses "Danke" als zentrales Element beinhaltet, wird Sie jetzt nicht mehr überraschen.

Woher wissen Sie, dass irgendetwas in Ihrem Leben negativ ist? Wie können Sie dies in der konkreten Situation beurteilen? Bewerten Sie nicht in Wirklichkeit nur das Gefühl, das Sie in der jeweiligen Situation empfinden? Sind es nicht tatsächlich nur subjektive Gedanken, die mit dieser Situation verknüpft sind?

Ist es Ihnen schon mal passiert, dass Sie etwas als sehr unangenehm und negativ empfunden haben, aber genau diese Situation sich später Ihr großes Glück erwiesen hat? Ich kann solche Situationen für mich hundertfach aufführen.

Darum stelle ich die folgende provokante These auf:

- Nichts, aber auch absolut nichts, was Sie jemals erlebt haben, kann im Nachhinein als rein negativ festgehalten werden.

Nun höre ich spontane Widersprüche. Was ist mit überlebenden Kriegsopfern? Was mit vergewaltigten Frauen? Was mit Kindern, die ihre Eltern verloren haben. Und so weiter ...

Nach meiner Erfahrung mit Coachings und Therapien kann man sämtliche Erlebnisse immer auch unter einem anderen Blickwinkel betrachten. Kriegsopfer haben überlebt und Ihr Leben wieder in die Hand nehmen können, oder? Gleiches gilt für vergewaltigte Frau und Waisen. Egal, was man irgendwann mal erleben "musste", es gibt nach meiner Erfahrung immer, und ich meine wirklich immer, eine andere Betrachtungsmöglichkeit.

Und was ist mit Menschen, die z.B. bei einem Unfall gestorben sind oder ermordet wurden oder mit Behinderungen weiterleben müssen? Kann man solche Schicksalsschläge auch aus einem anderen Blickwinkel positiv betrachten?

Bei Todesopfern kann man zu Recht davon sprechen, dass eine positive Betrachtungsweise in der jetzigen Inkarnation schwierig erscheint. Dies aber nur, wenn man davon ausgeht, dass wir "durch Zufall" einmalig auf der Erde leben und es weder eine unsterbliche Seele, noch eine wiederkehrende Inkarnation gibt. Ist man jedoch - so wie ich - absolut sicher, dass man als Seele existiert und der Körper nur der aktuell verfügbare "Bio-Anzug" in einer von vielen Inkarnationen ist, dann ist der Tod lediglich ein Übergang zu einer neuen Zeugung. Das Leben selbst ist unsterblich, nur der "Bio-Anzug" wird getauscht.

Mit dieser Blickweise wird man selbst die schlimmsten Erfahrungen, wie einige Absätze zuvor geschildert, zwar subjektiv in der jeweiligen Situation als negativ ansehen, sie sind aber im Gesamtkontext trotzdem immer auch positiv zu betrachten.

Mir ist völlig klar, dass diese Betrachtungsweise nicht für jeden Leser nachvollziehbar sein wird, insbesondere wenn man entweder Atheist ist oder das Thema Reinkarnation für ein "Hirngespinst" erachtet. Ich darf Ihnen aber versichern, dass man dieser Auffassung näher kommt, je mehr man sich mit diesen Themen befasst.

Ich selbst habe als Jugendlicher und auch zu Beginn meines ersten Studienfaches Physik ein anderes Weltbild vertreten, aber im Laufe der letzten 30-35 Jahre habe ich so viel gelesen, erlebt und gelernt, dass sich die Überzeugung, dass wir als Seelenwesen unsterblich sind und lediglich wiederkehrend inkarnieren, fest in mir verankert hat.

Und genau vor diesem Hintergrund bin ich fest davon überzeugt, dass man in der jeweils ggfs. als negativ empfundenen Situation nicht beurteilen kann, ob nicht genau dieses Erlebnis sehr positive Auswirkungen und folgen hat. Und darum habe ich gelernt und empfehle auch Ihnen, dass Sie sich für alles dankbar zeigen, was in Ihrem passiert. Darum wiederhole ich nochmalig:

- Bedanken Sie sich so oft Sie nur können für alles, wirklich absolut alles. Es gibt kein Zuviel an Danke.

6.54. Autopilot aktivieren

Dieses Konterkarieren von bewussten Wünschen können Sie nicht bewusst abschalten. Diese dafür verantwortlichen Glaubenssätze sind tief in Ihnen, genauer in Ihrem Unterbewussten, verwurzelt und führen zu Blockaden, die Sie auch bei noch so viel "Wollen" nicht bewusst beseitigen können. Ihr Unterbewusstes "tut" wirklich alles, um Sie vor Erlebnissen, die zu diesen Glaubenssätzen und Blockaden geführt haben, zu bewahren.

Blockaden sind im Grunde genommen nichts Anderes als generalisierte negative Erfahrungen, die man irgendwann, vornehmlich im Kleinkindalter, unbewusst gelernt und (leider) immer wieder bestätigt gefunden hat.

Die Angst vor Zurückweisung und "nicht ernst genommen werden" gehören zu den häufigsten Blockaden. Oftmals erkennt man Menschen, die von diesen Glaubenssätzen "befallen" sind, daran, dass sie entweder möglichst unauffällig im Hintergrund bleiben und auf keinen Fall auffallen wollen, oder sich ganz im Gegenteil laut polternd und nach Anerkennung heischend in den Vordergrund drängen und alles zurückweisen, was ihre "Führungsposition" in Frage stellen könnte.

Die Vergangenheit bzw. das unbewusste Gelernte wirkt blockierend, wo Erfahrungen als negativ empfunden wurden und deshalb nicht mit dem positiven Ziel zusammenpassen. Dieses Blockieren geschieht leider völlig automatisch, ohne dass man sich dessen überhaupt bewusst ist.

Ein Beispiel ist das als übermäßig negativ empfundene Erleben von überbordender Autorität. Wenn Autoritäten das Leben eingeschränkt haben, dann wird man unbewusst immer darauf aus sein, Autoritäten zu vermeiden, z.B. indem man selbständig wird und keinesfalls ein Angestelltendasein in Betracht zieht.

Wenn man Grenzen erlebt, auch wenn sie durch eigene Glaubenssätze oder Blockaden begründet sind, wählt man automatisch und unbewusst immer den Weg des geringsten Widerstands bei der Ausweitung empfundener Grenzen, denn das Delta zwischen Absicht und Erfolg soll minimiert werden. Hierfür sind Entscheidungen notwendig, die das Ziel der Entfaltung erreichbar machen.

Man handelt in dem Moment, wenn man die Möglichkeit sieht, eine Beschränkung aufzuheben. Ansonsten erfolgt fast wie bei einem Autopiloten eine Neuausrichtung der Absicht, d.h. das Ziel wird verändert.

- Letztendlich sind eine Angst- und Blockadefreiheit immer eine Voraussetzung für gerade in diesem Moment angestrebte Erfolge. Darum hinterfragen Sie jede Angst und jede Blockade und tun Sie genau das, was Ihnen diese Angst und diese Blockade eigentlich verwehren "wollen".

6.55. Positive Affirmationen

Der nächste Schritt ist, zu überlegen, was und wie Sie denken sollten, um Ihre Wünsche für sich zu manifestieren, also in Ihr Leben zu ziehen. Da der Punkt "Affirmationen" wirklich wichtig ist, wiederhole ich dieses Kapitel fast vollständig.

- Der erste zentrale Punkt ist, dass Sie Ihren Wunsch positiv formulieren müssen. Es geht darum, was Sie wollen, und nicht darum, was Sie nicht wollen.

- Der zweite zentrale Punkt ist, dass Sie diesen Wunsch glauben und verinnerlichen müssen, also absolut kein Zweifel mehr in Ihrem Unterbewussten bestehen darf, dass Sie die Erfüllung dieses Wunsches verdient haben und er sich erfüllen wird.

- Und als dritten zentralen Punkt müssen Sie diesen Gedanken pflegen. Ein Gedanke ist wie ein Same, der genährt werden muss. Steter Tropfen höhlt den Stein. Wenn Ihr Wunsch in Wirklichkeit nur eine geringe Relevanz besitzt, wird er vom Unterbewussten hintenan gehängt und erst „bearbeitet", sobald sich die Wichtigkeit erhöht hat.

Da Sie Ihr Unterbewusstes nicht direkt programmieren können, gibt es für Sie nur einen Weg, diese Programmierung trotzdem erfolgreich und zielführend vorzunehmen:

- Kümmern Sie sich nicht um Ihr Unterbewusstes, sondern um Ihr Denken.

Wie man es schafft, sich immer mehr auf sein Denken zu konzentrieren und den Fokus beizubehalten, ist Teil des Siegersystem-Konzepts. Ich selbst affirmiere z.B. jeden Tag vielfach die für mich wichtigsten "Bausteine meiner Wünsche".

Affirmationen sind ständig wiederholte Gedanken oder Worte, die sich sukzessive im Unbewusstsein verankern und ein Bestandteil der unterbewussten Programmierung werden. Diese "Verankerungen" steuern das Verhalten, das Agieren und Reagieren.

Alle Menschen affirmieren unbewusst fortwährend. Ständig werden Gedanken wiederholt, bis sie sich im Unterbewussten verfestigt haben und die Gedanken zur Realität werden.

Es spielt dabei keine Rolle, ob Gedanken einen positiven oder negativen Inhalt haben. Egal was wiederholt gedacht und geglaubt wird, es wird sich in der Realität bestätigen.

Das Unterbewusste funktioniert wie ein Computerprogramm. Eingaben über die Tastatur werden angenommen und ausgeführt. Ein Computer wehrt sich ähnlich wie das Unterbewusste nicht gegen Tastatureingaben oder Programmbefehle.

Das Ergebnis ist folgerichtig, dass vergleichbar mit einer Computerprogrammierung auch das Unterbewusste Affirmationen annimmt und dies zu einer Beeinflussung von Gedanken und Gefühlen führt.

Im Unterschied zu einem Computer ist das Unterbewusste empfänglicher bei Wiederholungen, d.h. die Relevanz einer Affirmation gewinnt an Stärke, wenn der Gedanke immer und immer wieder neu gedacht wird. Und zwar unabhängig davon, ob das Gedachte mit dem Gewünschten übereinstimmt. Ein Beispiel:

Wenn Sie im Urlaub weilen und sich immer wieder auf das "Negative" konzentrieren, z.B. einen nicht ganz so leckeren Kaffee zum Frühstück, dann werden Ihre Gedanken sich immer mehr damit "abfinden", dass der Urlaub nicht schön ist und Ihre Perspektive wird selektiv alles Negative finden und bestätigen. Letztendlich werden Sie negative Bilder affirmieren, das Ergebnis wird lauten:

- Ihr Denken und Glauben ist negativ, d.h. Sie affirmieren negativ und ziehen Negatives an.

- Ihr "Wunsch" wird erfüllt, alles Negative wird eintreten und Sie in Ihrem Denken und Glauben bestätigen.

- Sie erinnern sich in Jahren in erster Linie an einen "unschönen" Urlaub und denken negativ über Ihre Urlaubserfahrungen.

Um diesem Teufelskreislauf zu entkommen, müssen Sie das "Gesetz der Affirmation" kennen und für sich nutzen.

- Sorgen Sie dafür, dass Ihre Gedanken positiv sind und Sie nur positiv affirmieren.

- Das Unterbewusste kann keine Negationen "verstehen",, es ignoriert sie einfach.

- Formulieren Sie im Präsens, als wäre die Affirmation bereits eingetreten und fühlen Sie sich in das positive Ergebnis hinein.

- Unterstützen Sie Ihre Affirmationen mit den Worten und dem Gefühl des Dankes.

- Je nachdrücklicher und vertrauensvoller Sie denken und affirmieren, desto schneller wird das eintreten, was Sie "anziehen" möchten.

6.56. Visualisierungsübungen

Die Möglichkeit, sich das Gewünschte zu visualisieren, hat jeder Mensch. Je besser es jemandem gelingt, sich selbst als erfolgreichen Protagonisten auf einer visualisierten Zukunftsbühne zu sehen, desto erfolgreicher wird diese bewusst konzipierte Phantasie in der Realität wahr werden. Ein Beispiel:

- Sie möchten ein Haus kaufen. Wenn Sie ohne konkrete Vorstellung "irgendeine Immobilie" suchen, werden Sie wahrscheinlich nicht das finden, was Sie eigentlich möchten. Wenn Sie sich jedoch genaue Vorstellungen davon machen, wo Ihr Haus liegen soll, z.B. auf einem Berg oder mit Blick auf einen Fluss oder See, wie das Haus aussehen soll, z.B. zweistöckig mit Garten und Doppelgarage, welche Zimmeraufteilung gewünscht ist, z.B. die Anzahl und Größe der Zimmer, sowie alles unternehmen, um sich Ihr gewünschtes Haus immer wieder vorzustellen und diese Visualisierung mit Leben und Kraft wiederholen, dann ist die Wahrscheinlichkeit, dass Sie genau dieses Haus finden, deutlich größer.

"Dummerweise" wird dieser Punkt oftmals vernachlässigt, z.B. weil man abends lieber den Tatort oder anderes Wichtiges gucken möchte. Nur wie soll sich das Gewünschte einstellen, wenn man dem Unterbewussten so häufig signalisiert, dass andere Dinge (Ablenkungen) viel wichtiger zu sein scheinen.

Halten Sie es für machbar, jeden Abend vor dem Einschlafen eine Visualisierungsübung durchzuführen? Selbst wenn es nur 5 Minuten am Abend sind, die Sie sich nehmen, um sich genau auszumalen, wie und wo Sie sich selber sehen, werden diese 5 Minuten, insbesondere kurz vor dem Einschlafen, Ihrem Unterbewussten deutlich machen, was Ihnen wirklich-wirklich-wirklich wichtig ist. Sie beauftragen damit Ihr Unterbewusstes, das zu träumen, was Sie erreichen möchten und nicht von dem zu träumen, was mit Mord und Totschlag oder Ihren (im Übrigen völlig überflüssigen) Sorgen zu tun hat.

- Gewöhnen Sie sich an, vor dem Einschlafen Visualisierungsübungen zu machen. Stellen Sie sich möglichst detailliert vor, was Sie erreichen möchten, wo Sie sich selbst sehen, was Ihre Wunschvorstellung in den Ihnen wichtigen Bereichen, z.B. Gesundheit oder Wohlstand, ist. Verfolgen Sie sich diese Gedanken möglichst ausschweifend und malen Sie sie farbig aus. Schmecken, hören, tasten, riechen und fühlen Sie jeden noch so kleinen Baustein. Freuen Sie sich über das, was Sie da sehen, und seien Sie dankbar für jedes Detail.

6.57. Lassen Sie Ihre Energie fließen

Haben Sie schon mal gehört, dass Energie fließen muss? Ich vergleiche dies gerne mit unserem Finanz- und Wirtschaftssystem. Wenn Geld nicht fließt, wird das Wirtschaftssystem unweigerlich kollabieren. Ich habe dies u.a. in meinem Buch "Geld: Historie, Probleme im Status quo und Lösungsansätze" erklärt. Wenn Geld gehortet oder dem Wirtschaftskreislauf entzogen wird, z.B. durch eine Zinserhöhung, kann dies zu Geldengpässen und in der Folge zu einem Wirtschaftsproblem führen.

Ähnlich verhält es sich mit der Energie, der Energie in Ihrem Körper, der Energie Ihrer Gedanken, der Energie Ihrer Gefühle usw. Wenn sich Blockaden gebildet haben, führt dies zu Energiestaus und in der Folge zu Problemen in Ihrem Körper, Ihrem Geist und Ihren Gefühlen. Es ist somit wichtig, Blockade zu lösen und einen Energiefluss zu ermöglichen.

- Wie Sie Blockaden abbauen und auflösen können, habe ich bereits erläutert. Es ist nur wichtig, sich an

> diese einfache Tatsache zu erinnern und den Abbau von körperlichen, gedanklichen und gefühlsmäßigen Blockaden zu pflegen.

6.58. Suchen Sie die Stille zur Meditation

Ich habe etwas Schönes im Internet gefunden, was ich Ihnen nicht vorenthalten möchte. Es wurde gefunden auf TheMindUnleashed, geschrieben von Edward Morgan und übersetzt von Antares (Pseudonym):

> Die Welt rund um uns herum ist allzu geräuschvoll, wir werden unablässig von dem Gemurmel der zivilisierten Welt umgeben. Heutzutage haben wir in dieser lärmenden Welt längst völlig vergessen, wie es sein könnte, ein Leben in Stille zu verbringen. Welche Geheimnisse könnte uns die Stille offenbaren?
>
> Das Geheimnis der Stille wird dann von Interesse für uns, sobald wir spirituell Suchende werden. Ab jener Zeit beginnen wir nach der Essenz des Lebens zu suchen, wir möchten die Antwort auf die Frage finden: "Wer bin ICH, und was ist meine Mission auf der Erde?"
>
> Zu Beginn suchen wir in der äußeren Welt nach einer Antwort. Wir versuchen, eine Idee zu finden, ein Ideologie und wir identifizieren uns mit dieser, um nach der Antwort auf die Frage Ausschau zu halten, die uns vollkommen in Anspruch nimmt und das quälende

Gefühl des Wollens verursacht, welches uns dazu veranlasst hat, auf die Suche nach den Antworten aufzubrechen.

Nach einer Anzahl von vergeblichen Bemühungen realisieren wir, dass keine Idee, keine Ideologie, kein Lehrer oder Meister dazu in der Lage scheint, uns eine befriedigende Antwort auf diese Fragen anzubieten. Dann erst wenden wir uns nach innen und beginnen in uns selbst nach den Antworten zu forschen.

Das sich-nach-innen-Wenden fordert Ruhe und Gelassenheit von uns ein, somit wird die Stille für uns zu dieser Zeit bedeutsam. Wir finden ein ruhiges Plätzchen für uns, an dem wir uns in der Lage fühlen, nachzudenken und zu meditieren, ohne gestört zu werden. Wir lassen die Zivilisation hinter uns, gehen in die Berge, ans Meer, einfach raus in den Garten, die Natur oder in die Einsamkeit eines Klosters.

Hier glauben wir nun zuerst, gefunden zu haben, wonach wir suchten, da die Ruhe der Natur oder das geruhsame Leben in einer abgeschlossenen Gemeinschaft um uns herum und die Ruhe, die wir fanden, uns Befriedigung und Glück schenken. Wenn wir uns in dieser friedvollen Umgebung in der Lage sehen, diese laute Welt in unserem Kopf zu beruhigen, mag dem auch nach einer Zeit der Meditation die äußere Ruhe nachfolgen. Die erzwungene innere Stille und zeitweise Gelassenheit sind ein Resultat der Unterdrückung des Denkens. Diese Stille ist jedoch nicht unsere eigene, sie ist kein Bestandteil unserer Seele.

Dies wird treffend durch den Fakt demonstriert, dass, wenn wir zur sich geräuschvoll drehenden Bühne der Gesellschaft zurückkehren, wir von der intensiven Welt einer Großstadt umgeben sind, unsere schwer-erworbene Gelassenheit umgehend verflogen ist. Unsere hochgeschätzte Ruhe verschwindet, als hätte sie nie zuvor existiert. Wenn wir glücklich sind und die äußere Welt um uns herum ruhig bleibt, geht nur die Stille unserer Meditation jedes Mal dann verloren, wenn der Verstand zu arbeiten beginnt, und die Gedanken und Emotionen das Gehirn fluten.

All dies zeigt an, dass etwas mit uns falsch zu sein scheint, wir werden vollkommen irregeführt, wenn wir glauben, dass die magische Macht der Stille uns von uns selbst befreien wird. Das Problem besteht darin, dass wir in der falschen Richtung suchen, wenn wir denken, dass Stille etwas außerhalb von uns ist, etwas, was wir in der Lage sind zu erreichen, indem wir die Arbeit unseres Verstandes unterdrücken.

Stille ist eine der Qualitäten des Wunders, das unser eigenes Selbst, unser Bewusstsein ist. Daher haben wir es niemals verloren, da wir nichts verlieren können, was wir selbst sind. Wir müssen unser inneres Selbst wiederfinden, indem wir dem Bewusstsein erlauben, zu sich selbst in uns zu erwachen.

> Von diesem Zeitpunkt an wird die Stille immer bei uns verbleiben, wir brauchen niemals mehr nach ihr in der äußeren Welt zu suchen oder sie bei uns erzwingen, indem wir unseren Strom von Gedanken unterdrücken. Nach all diesem sind wir, egal, wo wir uns in der Welt befinden und egal, was auch geschieht, werden wir niemals mehr unsere innere Ruhe verlieren, unser Selbst.[9]

Dem ist nichts hinzufügen. Darum empfehle ich Ihnen, diesen zitierten Text nochmalig zu lesen und:

- ➢ Suchen Sie die Stille, ziehen Sie sich, sobald Sie es einrichten können, ab und zu aus der äußeren hektischen und lauten Welt zurück und meditieren Sie, um zur Ruhe zu kommen und nach innen zu hören

[9] http://transinformation.net/der-spirituelle-geliebte-der-inneren-stille/

6.59. Einschlaf- und Aufwachphasen nutzen

Um das Einschlafen positiv zu nutzen und ruhiger durchzuschlafen, hilft es auch, gedanklich positive Affirmationen zu wiederholen, z.B. kurze einfache Sätze mit dem Inhalt von Frieden und Harmonie. Wenn Sie merken, dass Sie mit Ihren Gedanken "abdriften", dann korrigieren Sie Ihren Gedankennebel und disziplinieren Ihre Gedanken. Denken Sie sich zurück zu Ihren positiven Affirmationen, immer und immer wieder. Trainieren Sie dies jeden Tag, z.B. mit:

- Vertrauen
- Mut
- Frieden
- Glück
- Liebe
- Reichtum
- Gesundheit

Auf keinen Fall dürfen Sie beim Einschlafen Symptome oder Negatives erwähnen, sondern nur das gewünschte Ziel, z.B. dass Sie innere Erfolgsenergie aktivieren möchten. Visualisieren Sie vor dem Einschlafen Gesundheit, Glück und Wohlstand. Affirmieren Sie, dass die unendliche Intelligenz, die Sie erschaffen hat, Sie auf einen guten Weg führt und Ihnen zur Seite steht. Das Unterbewusste muss es verstehen und glauben. Denken Sie dabei auf keinen Fall an die aktuelle Situation, sondern nur an Ihr Ziel.

Sie können auch mit etwas Übung Ihre Träume programmieren (eine Bestellung aufgeben), z.B.

- Ich träume klar und deutlich. Ich erinnere mich morgen früh an das Geträumte. Ich erkenne die Bedeutung des Geträumten für mein Leben.

Beachten Sie aber, dass Sie nichts mit Zweifeln oder als Zukunftsvision formulieren, z.B.

- Ich hoffe, ich werde gesund.

Es ist "schön", dass Sie hoffen. Diese Hoffnung dürfen Sie "behalten", aber es wird Ihnen nichts auf Ihrem Weg zum Ziel helfen.

- Es ist wichtig, dass Sie Ihre Worte in dem festen Vertrauen auf einen selbstverständlichen Anspruch so formulieren, als hätten Sie schon erhalten, was Sie sich wünschen.

Das letzte Wort zur guten Nacht sollte sein:

- Danke!

6.60. Lenken Sie Ihre Träume

Haben Sie schon mal davon gehört, dass Sie Ihre Träume lenken und der Regisseur Ihrer Träume sein können? Ich habe das Thema in einem vorhergehenden Kapitel erläutert. Man nennt so etwas Klarträume oder luzides träumen.

Ich habe es natürlich ausprobiert und damit spannende Erfahrungen sammeln dürfen. Mir war es möglich, den Trauminhalt und -ablauf zu beeinflussen. Ich habe z.T. das geträumt, was ich träumen wollte. Es war und ist eine wirklich spannende Erfahrung.

Ich empfehle Ihnen, diese Erfahrung selbst zu machen. Wenn es stimmt, dass Sie über Ihre Träume Kontakt zu Ihrem Unterbewussten aufnehmen können, dann erscheint es mir nur folgerichtig, dass das Steuern von Träumen eine Möglichkeit sein kann, das eigene Unterbewusste zielorientiert zu beeinflussen. Und zwar so, dass genau dies vom Unterbewussten als "Auftrag" angenommen wird, was Sie sich wünschen und vorstellen.

Welche Wege es gibt, luzide Träume zu haben, habe ich ausführlich in meiner Trilogie "Omniatherapie: Gesundheit & Glück durch Verstehen & Versöhnung" dargelegt. Ich möchte dies nicht wiederholen. Bei Interesse finden Sie viele Hilfsmittel und Tipps von Anwendern im Internet.

➢ Probieren Sie es aus. Üben Sie das luzide Träumen und notieren Sie Ihre Träume und Ihre darauffolgenden Erfahrungen. Mit zunehmendem Erfolg werden

Sie gar nicht mehr aufhören wollen, Ihr Träumen zielorientiert zu "nutzen".

6.61. Belastende und unnütze Nachrichten meiden

Ich habe bereits erläutert, warum ich es für wenig sinnvoll, um nicht zu sagen unsinnig, erachte, sich mit Negativem wie Krieg, Gewaltverbrechen aller Art, Betrug, Horror, Unfällen, Naturkatastrophen usw. zu belasten. Das Unterbewusste kann nicht zwischen real und irreal unterscheiden. Wenn Sie Ihrem Unterbewussten immer wieder negative Nachrichten "vorsetzen", müssen Sie sich nicht wundern, wenn Sie genau das, was Sie konsumieren, in Ihr Leben ziehen.

Was bringt es Ihnen, zu wissen, dass in Nordkorea ein Diktator an der Macht ist, der Raketen testet? Was nützt es Ihnen, zu erfahren, dass in Indonesien eine Überschwemmung viele Todesopfer gefordert hat? Welchen Vorteil sehen Sie darin, darüber informiert zu werden, wie viele Gewaltverbrechen es in Übersee und selbst in Deutschland gibt?

Ich habe mir schon lange "abgewöhnt", die Tagesschau, das Heute-Journal o.ä. Nachrichtensendungen zu sehen. Ich gucke mir weder Kriegs-, noch Horrorfilme an. Selbst Filme mit Mord und Totschlag meide ich weitestgehend, nur relativ harmlose Serien schaue ich noch ab und zu.

Ähnliches gilt für eine Informationsaufnahme über andere Medien, wie Zeitungen, Zeitschriften, das Radio oder das Internet. Sobald ich negative Informationen oder Nachrichten "vorgesetzt" bekomme, schalte ich um oder ab.

Nun gut, ich kann mit Freunden weniger darüber diskutieren, welchen Bedrohungen wir ausgesetzt sind, aber will ich das überhaupt? Warum sollte ich es wollen, mich mit Themen auseinanderzusetzen, die nur Angst machen und Sorgen bereiten, ohne dass ich etwas daran ändern oder positiv vorsorgen könnte?

Meine Frau und ich sind schon lange dazu übergegangen, uns auf das Positive, Kreative, Gute und Lebensbejahende zu fokussieren. Hat es uns geschadet? Ganz sicher nicht. Inzwischen ist es schon so weit gekommen, dass wir Händchen haltend auf der Terrasse sitzen, in unseren "pittoresken" Garten schauen und die Schönheit der Natur genießen, wenn andere sich von der Tagesschau erklären lassen, wie sie die Welt zu sehen haben.

Erschwerend kommt hinzu, dass Sie nicht beurteilen können, ob die Nachrichten, die man Ihnen darbietet, überhaupt der Wahrheit entsprechen oder man ganz andere Ziele damit verfolgt, wenn man Ihnen belastende Informationen "vorsetzt". Können Sie einschätzen, ob die dargebotenen Informationen objektiv und korrekt sind oder eher, wie man dies überall weltweit beobachten kann, "gefärbte" und sogar Fake-News?

Wie viele Menschen haben sich in Ihrem Leben unfassbar viele Sorgen um Krieg und Frieden, Gewaltverbrechen, Arbeitslosigkeit, den Arbeitsplatz, das Rentensystem usw. gemacht, anstatt das Leben als Geschenk anzunehmen und das Gute und Positive zu erkennen? Gehören Sie dazu?

Es obliegt jedem selbst, was er für sein Leben als richtig und zielführend empfindet. Sie ganz allein sind der Schöpfer und Gestalter Ihres Lebens und Ihrer Gedanken und Gefühle. Ich kann lediglich eine Empfehlung aussprechen:

- Meiden Sie belastende Informationen aus den Medien (TV, Radio, Internet, Print) und verbannen Sie bewusst alles aus Ihrem Leben, was sich nur negativ auswirken kann, sowie was Sie sowieso nicht beeinflussen können. Konzentrieren Sie sich stattdessen aus das Schöne, Gute, Positive und Aufbauende in Ihrem Leben und machen Sie sich Ihr Glück immer wieder aufs Neue bewusst.

6.62. Hypnose zielführend nutzen

Wenn man es schafft, über einen hypnotischen Zustand das Unterbewusste zu erreichen, ist es möglich, ggfs. negativ wirkende Glaubenssätze positiv zu substituieren und den Glauben und das Vertrauen in den eigenen Erfolg zu verstärken. Darüber hinaus kann man es schaffen, zu erkennen, was man wirklich-wirklich-wirklich will, sowie seine eigene Bestimmung und seine Lebensaufgabe zu verstehen. Stichwort Relevanz-Pyramide.

Ziel einer Tiefenentspannung ist es, die vom Bewusstsein ausgeübte Kontrolle über das "Hier und Jetzt" abzuschwächen und unterbewusste "Schichten" zu erreichen. Eingesetzt werden z.B. Metaphern, Sprachbilder, Vergleiche, Wortspiele und Analogien, wobei immer darauf geachtet wird, "offene Vorschläge" zu machen, damit das Unterbewusste des Hypnotisierten selbst neue Ideen kreiert und Lösungsmöglichkeiten "anbietet".

Für mich ist eine liebevolle Hypnose deshalb ein gutes und zielführendes Hilfsmittel, um innere Ressourcen, frühere Lernerfahrungen, die eigene Problemlösungsfähigkeit und die zweifelsfrei in uns vorhandene Erfolgschance zu aktivieren.

Was die Umsetzung ggfs. schwierig macht, ist die "Angst vor Kontrollverlust". Diese "Angst vor Kontrollverlust" ist bei den meisten Menschen stärker ausgeprägt, als die Angst vor Schmerzen oder dem Tod. Ich kann dies gut nachempfinden. Diese "Angst vor Kontrollverlust" ist auch bei mir manifest. Allerdings weiß ich inzwischen, dass eine hypnotische Trance nichts mit dem zu tun hat, was man gemeinhin im Fernsehen oder bei Bühnenshows sieht. Ich sage Ihnen lieber nicht, was ich davon halte.

Ich habe bisher immer die Erfahrung gemacht, dass mir die Menschen nach einer Hypnosesitzung gesagt haben, dass sie gar nicht hypnotisiert oder in Trance waren. Immer und jedes Mal! Kein einziger hatte jemals in einer einzigen Sekunde das Gefühl, ausgeliefert, hilflos oder ohnmächtig zu sein. Ganz im Gegenteil waren alle Protagonisten in jeder Sekunde davon überzeugt, alles "im Griff zu haben" und ganz im "Hier und Jetzt" zu sein. Und dies ist auch gut so und absolut gewollt und richtig. Es gab niemals und wird niemals einen Kontrollverlust bei einer Sitzung geben.

Der einzige Anhaltspunkt für die Protagonisten war anschließend, dass sie sich sehr erholt fühlten und das Zeitempfinden verloren hatten. Auf meine übliche Frage, wie lange wohl eine Hypnosesitzung gedauert hat, höre ich meistens, dass man von 15-20 Minuten, ab und zu etwas länger, ausgeht. Die Überraschung ist dann meist sehr groß, wenn die Antwort lautet, dass die Sitzung 2 1/2 oder 3 Stunden gedauert hat. Erst dann wird geglaubt, dass die hypnotische Trance erfolgreich war.

➢ Spüren Sie in sich hinein, ob Sie sich bereit fühlen, Ihren Weg mit Unterstützung einer liebevollen Hypnose zu gehen. Sobald Sie diesen Schritt gehen möchten, tun Sie es.

6.63. Nutzen Sie technische Hilfsmittel

Ist es von Nachteil oder "unehrlich", technische Hilfsmittel zu nutzen? Die eindeutige Antwort lautet:

➢ Nein, auf keinen Fall.

Menschen haben schon sehr früh damit begonnen, technische Hilfsmittel einzusetzen. Erst gab es Werkzeuge aus

Stein, später aus Metall, dann kam das Feuer und erst sehr viel später folgten die Dampfmaschine bis hin zu Computern und Robotern.

Wenn es heutzutage technische Hilfsmittel gibt, um sich in einen meditativen oder sogar hypnotischen Zustand zu bringen, dann kann ich dies ausschließlich als vorteilhaft erkennen und empfehle Ihnen gerne, dies auszuprobieren und Erfahrungen damit zu sammeln.

Ich selbst setze u.a. ein:

- Neuro-Software und VoiceChanger-Software
- Mindmachine mit SpectraStrobe-Brille
- Isochrone Töne in Verbindung mit Naturgeräuschen
- Biofeedback-Sensor
- Kopfhörer, Mischpult, Funk-Mikrofon usw.

Dazu könnte man auch kleine Zettel mit Reminder-Hinweisen wie z.B.

- "Ich allein bin verantwortlich für mein Denken und Leben."
- "Ich achte auf mein Denken und diszipliniere mich."
- "Ich werte und bewerte nichts und niemanden."

- "Ich denke über alles und jeden positiv und aufbauend."
- "Ich wünsche allem und jedem das Beste und nur Gutes."
- "Ich konzentriere mich ausschließlich auf das Positive und den Erfolg."
- "Ich affirmiere beim Einschlafen und beim Aufwachen meine wichtigsten positiven Ziele."
- "Ich visualisiere meine Ziele und akzeptiere alles, was kommt."
- "Ich danke fortwährend für alles, was ich erleben und lernen darf."

die Sie im ganzen Haus aufhängen könnten, als technische Hilfsmittel betrachten. Hilfreich können solche dauerhaften Reminder auf jeden Fall sein.

➢ Seien Sie offen für technische Hilfsmittel und nutzen Sie alles, was bei Ihnen mit einem guten Bauchgefühl verbunden ist.

6.64. Lassen Sie los

Sie haben jetzt so viel in diesem Buch gelesen. Nur komme ich mit der Empfehlung:

- Lassen Sie los.

Was meine Ich damit?

Sie sollen natürlich nicht dieses Buch loslassen, das lesen Sie bitte bis zum Ende. Es geht mir darum, dass Sie nicht mehr (beinahe krankhaft) hinter Ihren Zielen, Ihrem Erfolg oder Ihrem Glück hinterherrennen. Je mehr Sie nämlich rennen, desto schneller entfernt sich das Gewünschte von Ihnen.

- Lassen Sie los.

Haben Sie Vertrauen, fühlen Sie die Überzeugung, dass alles schon da ist und nur hereingelassen werden muss. Rasen Sie nicht mit einem Sportwagen hinter Ihrem Glück her, sondern bleiben Sie stehen, genießen Sie die Ruhe ohne dröhnenden Motor, öffnen Sie die Fenster und lassen Sie alles Positive in jede kleinste Ritze in Ihren Innenraum hineinfließen.

Dieser Innenraum sind Sie selbst. Ihr Herz freut sich auf alles Gute, auf Erfolg, Zufriedenheit, Entspannung, Versöhnung, Liebe und alles Positive, das Sie selbst mit Ihrem Denken und Fühlen anziehen (können).

- Erkennen und akzeptieren Sie, dass Sie ganz alleine für Ihr Denken, Ihre Worte, Ihre Gefühle, Ihre Überzeugungen, Ihre Entscheidungen, Ihr Handeln, Ihre Gewohnheiten, Ihre Eigenschaften, Ihren Charakter, Ihre Realität, Ihr Schicksal, Ihre Leben, also zu 100% für sich verantwortlich sind, und lassen Sie los ...

6.65. Das Leben annehmen und genießen. Jetzt.

Ist das Leben nicht spannend? Es gibt gute und schlechte Tage, Aufs und Abs, Positives und Negatives, Glück und Unglück, Liebe und Abneigung, Schönes und Hässliches, Erfolg und Misserfolg, Reichtum und Armut, Gesundheit und Krankheit und vieles mehr. Aber ist dies tatsächlich so?

Ich behaupte nochmals, dass alles, ja wirklich alles, was Sie sehen, schmecken, fühlen, hören, empfinden und denken können, ausschließlich in Ihrem Denken eine Bewertung erfährt und somit Teil Ihrer/unserer subjektiven Polarität ist oder besser gut/schlecht bzw. positiv/negativ "erscheint".

Alles, was Sie womöglich als negativ empfinden, wird anderweitig als positiv empfunden, und umgekehrt. Ähnlich verhält es sich mit sämtlichen anderen "polaren Blickwinkeln". Sobald Sie "Ihre polare Sichtweise" überwinden können und z.B. aus "muss" mit einmal "darf" wird, werden Sie absolut frei sein. Sie werden nicht nur frei sein "können", sondern Sie werden tatsächlich frei "sein".

Egal, was passiert, haben Sie die alleinige Entscheidungsgewalt, ob Sie das Gehörte, Gelesene, Erlebte, Gefühlte usw. unter einem positiven Blickwinkel betrachten und positiv in Ihr

Leben integrieren oder ob Sie auf Basis Ihrer Glaubenssätze, Ego-Trips usw. negativ, abweisend, verletzt und in irgendeiner Form destruktiv und sich selbst belastend reagieren.

Egal, was Sie denken und tun, Sie haben recht. Es ist dann subjektiv genau so, wie Sie es denken und müssen mit den Folgen Ihres Denkens leben. Sie entscheiden, was Sie über jemanden oder etwas denken und haben zu jedem Zeitpunkt die Chance, es anders, ggfs. aus Ihrem späteren Blickwinkel besser, zu machen.

Was ich Ihnen in allen Fällen empfehle, muss ich wahrscheinlich nicht explizit aufführen:

- Nehmen Sie Ihr Leben als Geschenk an. Erkennen Sie in allem, was Sie sehen, hören, fühlen, schmecken und empfinden das "möglich-Positive". Werten und bewerten Sie nicht und genießen Sie jede Sekunde, egal was passiert, mit einem dankbaren Herzen. Ab sofort im Hier und Jetzt.

6.66. Das große Schweigen

Der letzte Unterpunkt in diesem wichtigen Kapitel heißt:

- Das große Schweigen!

Merkwürdig, oder? Was meine ich wohl mit "Das große Schweigen"?

Die Antwort wird Sie evtl., nachdem Sie viel zu meinen Einschätzungen und Gedanken gelesen haben und somit mich bzw. meine Überzeugungen schon recht gut kennen, nur noch wenig überraschen.

Was Ihnen bei Ihrem neuen Denken am meisten im Weg stehen kann, sind Bedenkenträger, Zweifler, Besserwisser und Energieräuber, also all jene Menschen, die sich gerade nicht auf das Positive, Gute und Zielführende fokussieren, sondern eher alles bemängeln, nur das Negative sehen, gerne über Krankheiten und Ängste sprechen oder es schlicht nicht gut mit Ihnen meinen. Können Sie erwarten, dass Sie mit Ihrem neuen Denken, das "The Secret" und andere "Geheimnisse", wobei dies alles in Wahrheit nie Geheimnisse waren, in Ihrem Leben manifest machen soll, auf zustimmende und Mut machende Resonanz stoßen? Wohl kaum.

Ich habe es in meinem Leben selbst viel zu oft erlebt, dass ich Dinge, von denen ich anfänglich begeistert war, sehr schnell in Zweifel gezogen habe, sobald mir ein Bedenkenträger erklärt hat, dass das alles Unfug ist, nichts bringt und ich mir besser überlegen sollte, "es" gar nicht erst zu versuchen. Wenn man jedoch Zweifel hat und nicht mit voller Überzeugung dabei ist, dann steht man (bzw. das eigene Denken) sich selbst im Weg. Wie soll es klappen können, dass Sie Ihr Denken und Fühlen neu ausrichten, wenn Sie bereits zu Beginn "negativ darüber denken" bzw. Zweifel haben?

Dass Sie über Ihre neuen Ansatz zur Lebensbejahung nicht mit negativ eingestellten Menschen sprechen, bedeutet jedoch nicht, dass Sie überhaupt mit niemandem darüber sprechen können und sollen. Es wird nämlich etwas Wunderbares geschehen, was Sie evtl. jetzt noch nicht "glauben" können. Es werden Ihnen die Menschen über den Weg laufe, die ganz genauso wie Sie "ticken". Das "Gesetz der Resonanz" funktioniert natürlich auch in der positiven Richtung.

Je mehr meine Frau und ich uns gegenseitig bestärkt haben, den positiven, bejahenden, aufbauenden und nichts bewertenden Weg zu gehen, desto stärker wurden wir in unserer Überzeugung, dass dieser Weg gut ist und uns auf den richtigen Pfad führt. Mit einem immer stärkeren Selbstverständnis haben wir unsere Auffassungen vertreten und waren immer wieder aufs Neue überrascht, welche Menschen wir mit einmal kennenlernen durften, die ganz ähnlich denken und empfinden. Wir fühlten uns allein dadurch immer mehr bestätigt und sind sehr glücklich darüber, dass wir diese Richtung eingeschlagen haben. Erst recht, dass wir dies gemeinsam tun durften und weiterhin dürfen.

Ich empfehle Ihnen deshalb nachdrücklich:

- Halten Sie sich von Bedenkenträgern, Zweiflern, Besserwissern und Energieräubern fern und erzählen Sie konsequent niemandem von Ihrem neuen Denken und Fühlen. Schweigen Sie, auch wenn man Sie darauf anspricht. Erst wenn Sie auf Menschen treffen, die genau das gleiche ausstrahlen, wie Sie selbst, öffnen Sie sich. Sie werden sehen, diese zu Ihrem neuen Denken passenden Menschen werden Ihnen "zugeführt".. Ich verspreche es. Sie werden dann überrascht und auch begeistert sein. Auch dies verspreche ich Ihnen.

7. Das Siegersystem-Lernkonzept

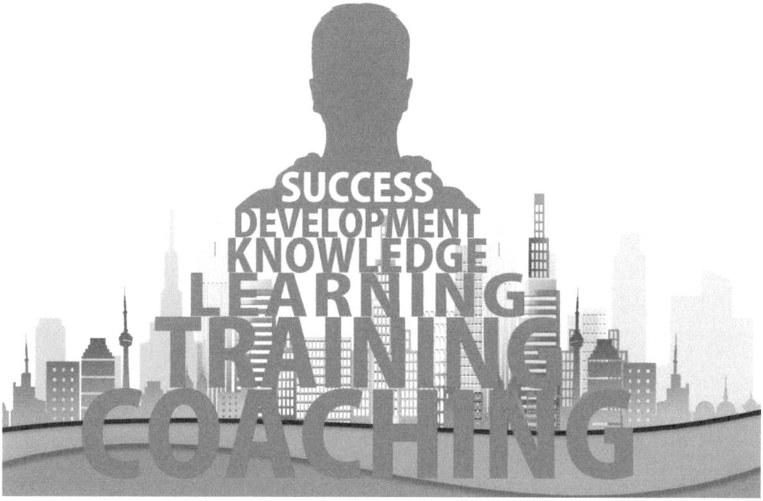

7.1. Ihre ersten Entwicklungsschritte

Wenn man die 66 Siegersystem-Schritte und -Bausteine kennt und wirklich in sein Leben integrieren und für sich verwirklichen möchte, ist dies nach meiner Einschätzung für jeden Menschen möglich. Aber auch wenn man alle Empfehlungen beherzigt und sämtliche Tipps befolgt, heißt dies nicht, dass die Umsetzung von Anfang an "funktionieren" wird und sich ein positives Ergebnis innerhalb weniger Tage einstellt.

Zum einen werden Sie sich selbst dabei "erwischen" können, dass Sie in alte Verhaltensmuster zurückfallen. Was Sie sich in 30, 40, 50, 60 oder noch mehr Jahren "mühelos" angeeignet haben, werden Sie nicht in wenigen Tagen "neu gelernt" haben können. Das Verinnerlichen der Siegersystem-Bausteine ist ein fortwährender Prozess, ein kontinuierliches Lernen, ein diszipliniertes Arbeiten an sich selbst. Sie bekommen leider nichts geschenkt, sondern dürfen etwas dafür tun, dass Sie Ihr Denken neu gestalten und ausrichten.

Ich verspreche Ihnen aber, dass Sie feststellen werden, dass es Ihnen immer leichter fallen wird, sich selbst, Ihr Denken, Fühlen und Handeln zu reflektieren und zu hinterfragen, wenn Sie "am Ball bleiben". Vor allem wird es Ihnen immer mehr Spaß machen, sobald Sie erste Erfolge erkennen und sich besser fühlen werden. Ich habe wirklich im Laufe der Zeit jedes Erkennen genossen und mich immer wohler mit "allem" gefühlt.

7.2. Das Gewinner-Gen

Was Sie vor allem feststellen werden, ist, dass Sie sukzessive immer mehr die positiven Aspekte von Äußerungen, Erlebtem, Erfahrungen und Gegebenheiten erkennen und fühlen werden. Sie werden immer mehr, egal was passiert, positiv auf Worte und Dinge reagieren, die Sie bisher womöglich noch emotional "runtergezogen" haben. Der riesige Vorteil dieser neuen Reaktionsweise ist, dass Sie etwas in sich wachsen lassen, nämlich Ihr "Gewinner-Gen".

Mit zunehmender Neuausrichtung Ihres Denkens, mit wachsendem Vertrauen in sich und das Leben, mit neuem Selbstbewusstsein und Selbstvertrauen und der irgendwann absolut verinnerlichten Erkenntnis, dass alles gut ist, wie es ist, wird es Ihnen beinahe unmöglich sein, über "vergossene Milch" zu weinen oder nach einer "gefühlten Niederlage" aufzugeben. Sie werden jede Aufgabe als positive Herausforderung annehmen und sie in vollem Bewusstsein um Ihre eigene Stärke und das unausweichlich positive Resultat meistern können.

Dieses absolute "Gewinner-Gen" ist nach meiner festen Überzeugung für jeden Menschen erreichbar. Somit ist für jeden all das möglich, was man sich maximal zutraut und unbedingt erreichen möchte. Vertrauen Sie auf sich und geben Sie Ihrem "Gewinner-Gen" eine Chance.

7.3. Programmierung des Unterbewussten

Mein nächstes Buch wird heißen:

- "Der Counselor: Programmierung des Unterbewussten zur positiven Zielorientierung"

Der Grund dafür ist sehr einfach. Je mehr ich mich und mein Denken neu ausgerichtet habe, desto mehr kam das zum Vorschein, was mich im Grunde genommen schon immer ausgezeichnet hat, nämlich das eigene Denken und hierüber auch das Unterbewusste zu „programmieren", um Lösungen zu finden und niemals Probleme als negativ und belastend zu sehen, sondern als Herausforderungen, die ich selbstverständlich meistern werde. Dieses ziel- und lösungsorientierte Denken zum Finden von Lösungen für "Herausforderungen jedweder Art" habe ich inzwischen dermaßen verinnerlicht, dass ich mich schon jetzt auf die Verwirklichung des neuen Buches freue.

Ihnen ist genau das gleiche möglich, davon bin ich zutiefst überzeugt. Jeder Mensch kann sein Denken und Fühlen neu ausrichten und zum absolut positiven Lösungsfinder werden. Das Siegersystem-Konzept kann Ihnen dabei helfen.

7.4. Ihr privater Siegersystem-Coach

Ich hatte das große Glück, von Anfang an, einen Siegersystem-Coach an meiner Seite zu haben, der mich durchschnittlich 22 Stunden pro Tag (inkl. der Nachstunden) gecoacht hat. Meine Frau, die seit über 23 1/2 Jahren an meiner Seite steht und mit der ich rund 90% meiner Tageszeit verbringe. Dies machte das Erkennen und Verinnerlichen der Siegersystem-Bausteine sehr viel einfacher. Ob ich das alles alleine geschafft hätte? Natürlich, aber wahrscheinlich hätte es länger gedauert.

Das Besondere an meinem Coach ist, dass er genauso denkt, wie ich, d.h. wir waren und sind in der Lage, uns gegenseitig zu coachen, auf ein "falsches Denken" aufmerksam zu machen und zu uns gegenseitig zu motivieren, umzudenken und die Sichtweisen positiv auszurichten.

Sollten Sie das Siegersystem-Konzept alleine umsetzen wollen, wird Ihnen dies mit Nutzung der aufgeführten Hilfsmittel sicher möglich sein, aber mit einem "Spiegel" an Ihrer Seite, also mindestens zu zweit, wird es Ihnen leichter fallen. Ich drücke Ihnen von Herzen die Daumen, dass Sie diesen Weg, der geradezu eine neue Lebenseinstellung ist, mit jemandem an Ihrer Seite gemeinsam gehen können.

Der angenehme Nebeneffekt, wenn Sie diesen Weg in einer Partnerschaft zu zweit gehen sollten, ist, dass diese Partnerschaft enorm an Tiefe und Verbundenheit gewinnen wird. Sie werden sehen, sie werden stauen, sie werden sich freuen und begeistert sein, und dies alles gemeinsam.

7.5. Das Siegersystem-Training

Um das Siegersystem-Konzept nicht nur zu verstehen und zu verinnerlichen, sondern in Ihr Leben erfolgsorientiert zu integrieren, damit Sie möglichst schnell zu einem Erfolgsmagneten werden, ist auch die Einbindung eines Profi-Coachs denkbar. Ich habe diese Aufgabe extrem gerne übernommen, u.a. weil ich es liebe, Menschen "aufblühen", das Leben genießen und Erfolg anziehen zu sehen.

Ich arbeite insbesondere gerne mit Spitzensportlern und "Wirtschaftskapitänen" zusammen, weil die jeweiligen Ziele und Vorstellungen sehr konkret und im Normalfall durch eine neue Ausrichtung des Denkens nachvollziehbar und an konkreten Ergebnissen überprüfbar sind.

Sollte so etwas für Sie von Interesse sein, ist immer eine Geheimhaltungsvereinbarung und Schweigepflichterklärung eine absolute Voraussetzung. Es wird niemals jemand (außer meiner Frau) erfahren, wen ich warum, wann, wie und wo coache.

7.6. Siegersystem-Hypnosesitzungen als Booster

Sämtliches bisher Aufgeführtes stimmt nach meiner Erfahrung zu 100%. Es gibt aber etwas, was das Ganze sehr positiv unterstützen kann, nämlich geführte Hypnosesitzungen, bei denen die Ursachen und Auslöser für alte Glaubenssätze und Blockaden, die tief im Unterbewussten verankert sind, liebevoll unter einem neuen Blickwinkel betrachtet und auf diesem Wege letztendlich aufgelöst werden können.

Ich bezeichne diese Hypnosesitzungen gerne als "Booster", weil damit all die "Hindernisse" ausgeräumt werden können, die einem schnellen Erreichen Ihrer Ziele und Wünsche im Wege stehen, weil z.B. Zweifel und Vorbehalte bestehen, die auf "falschen" Erfahrungen und Sichtweisen beruhen.

Solche Hypnosesitzungen sind nach meiner Erfahrung immer positiv, befreiend und aufbauend. Ich habe immer und jedes Mal erleben dürfen, wie Menschen nach solchen Sitzungen geradezu aus dem Zimmer "geschwebt" sind und "geleuchtet" haben.

Meine Darstellung hört sich womöglich etwas "abgehoben" an, aber mir fallen keine Adjektive ein, die das jeweilige Ergebnis besser beschreiben könnten. Es war wirklich jedes Mal so, als wenn die Menschen tonnenschwere Lasten losgeworden wären und ein neues Bewusstsein in ihnen den Weg an die Oberfläche gefunden hätte.

Dabei darf man sich solche Hypnosesitzungen nicht so vorstellen, wie Sie dies vielleicht aus dem Fernsehen oder aus Theatervorstellungen kennen. Niemand vergisst seinen Namen, keiner gackert wie ein Huhn, sondern jeder ist durchgängig Herr seiner Sinne und hat mir hinterher erklärt, dass er gar nicht hypnotisiert war. Erst wenn ich gefragt habe, wie lange wir uns denn unterhalten haben, die jeweilige Einschätzung bei 15-20 Minuten lag, ich aber belegte, dass inzwischen 2 1/2 oder sogar 3 Stunden vergangen waren, wurde eine Hypnose für möglich gehalten.

Eine solche Sitzung ist sehr aufwändig und dauert beim ersten Mal zwei Tage. An Tag 1 wird eine umfangreiche Anamnese erstellt, bei der alle Begebenheiten und Rahmenbedingungen seit der Geburt und auch davor (Ahnenreihe bis zu den Großeltern) dezidiert notiert und besprochen werden. An Tag 2 folgt eine Aufarbeitung der wichtigsten Punkte der Anamnese, gefolgt von einer ersten längeren Hypnosesitzung, die zwei, drei oder auch vier Stunden dauern kann.

Nach Abschluss dieser zwei Tage hat man nach meiner Erfahrung die wichtigsten "Hindernisse" für eine erfolgreiche Siegersystem-Anwendung ausgeräumt. Wenn man diesen "Booster" weiterhin nutzen möchte, kann man dies durch nachfolgende Hypnose-Sitzungen, bei denen nochmals im Unterbewussten "aufgeräumt" wird, um "negative" Glaubenssätze und Blockaden aufzulösen, tun. Die nachfolgenden Hypnosesitzungen dauern dann aber nur noch 3-4 Stunden, da die Anamnese bereits vorliegt und durchgearbeitet worden ist.

Wer Interesse hat, einen solchen "Booster" für das eigene Siegerkonzept zu nutzen, um beschleunigt die positiven Ergebnisse zu spüren und das "Sieger-Gen" zu aktivieren, besuche bitte die Seite www.SIEGERSYSTEM.de und nutze das Kontaktformular.

7.7. Personal Coaching

Ein über alle Maßen zielführendes Konzept ist ein "Personal Coaching", bei Sie einen dauerhaften "Spiegel" an Ihrer Seite haben, so wie dies bei meiner Frau und mir der Fall ist.

Ein dauerhaftes "Personal Coaching" ist sehr aufwändig und zeitintensiv. So etwas kommt nur für Menschen in Frage, die wirklich schnell und nachhaltig ihr Denken und Fühlen neu ausrichten möchten, um schnell Erfolg und Glück zu haben.

Da dies sehr zeitintensiv ist, biete ich so etwas nur in Ausnahmefällen an. Dazu können sich ein "Personal Coaching" nur Menschen leisten, die in einer entsprechenden Position agieren, z.B. Spitzensportler oder Wirtschaftsmagnaten.

Wer Interesse hat, ein "Personal Coaching" für das eigene Siegersystem-Learning in Anspruch zu nehmen, um beschleunigt die positiven Ergebnisse zu spüren und das "Sieger-Gen" zu aktivieren und zu konservieren, besuche bitte die Seite www.SIEGERSYSTEM.de und nutze das Kontaktformular.

7.8. Persönliche Affirmationen statt allgemeiner Suggestionen

Ein angenehmer Nebeneffekt von Hypnosesitzungen oder einem "Personal Coaching" ist, dass ich mit den Protagonisten persönliche Affirmationen aufnehme, die naturgemäß viel nachhaltiger wirken, als allgemeine Suggestionen.

Wenn Sie von einer Ihnen nicht bekannten Stimme hören:

- "Sie werden von Tag zu Tag erfolgreicher."

wird dies deutlich weniger Eindruck auf Ihr Unterbewusstes machen, als wenn Ihre wav-Dateien, die Sie für weiterführende Übungen nutzen, Ihre Stimme mit Ihrem Text beinhaltet, z.B.

- "Ich weiß, freue mich darüber und bin dankbar dafür, dass ich von Tag zu Tag vertrauensvoller und erfolgreicher werde."

Dabei geht es insbesondere um zwei Dinge, nämlich zum einen darum, dass Ihr Unterbewusstes Ihre eigene Stimme für wesentlich glaubwürdiger hält, und zum anderen darum, dass die aufgenommenen Affirmationen genau den Inhalt haben, den Sie persönlich genau in diesem Moment "benötigen" und nicht irgendwelche "allgemeinen Suggestionen", die Sie im Internet zu Hauf kaufen können.

Diese mit Ihnen gemeinsam erarbeiteten Affirmationen werden von Ihnen nach einer Sitzung eingesprochen, wofür ein umfangreiches Equipment zur Verfügung steht. Diese Aufnahmen werden dann anschließend aufbereitet, z.B. mit isochronen Tönen und Naturgeräuschen unterlegt, und als abspielbare wav-Datei zugeschickt.

Dass solche speziell für Sie angefertigten Affirmationen wesentlich effektiver und nachhaltiger positiv wirken, wird Sie inzwischen sicher nicht mehr erstaunen.

7.9. Siegersystem-Vorträge und Seminare

Das komplette Siegersystem-Konzept in einem Vortrag zu erläutern, stellt eine Herausforderung dar, weil es innerhalb eines z.B. 90-minütigen Vortrages nur ansatzweise möglich ist, auf die wissenschaftlichen Hintergründe und Herleitungen einzugehen. Ein Vortrag kann dementsprechend nur die Key-facts beinhalten und muss auf die wesentlichen Punkte konzentriert werden. Nichtsdestotrotz ist es möglich, Vorträge zu organisieren.

Seminare, möglichst über mindestens zwei Tage, können schon wesentlich mehr Hintergründe und Lerninhalte abbilden.

Wer Interesse hat, einen Vortrag oder ein Seminar zu organisieren, besuche bitte die Seite www.SIEGERSYSTEM.de und nutze das Kontaktformular.

7.10. Fortbildung zum Siegersystem-Trainer

Eine Fortbildung zum Siegersystem-Trainer ist nach meiner Einschätzung mehr als empfehlenswert. Das Wissen um die wissenschaftlichen Hintergründe, die Herleitung der einzelnen Bausteine und das bewusste Fokussieren auf ein neues Denken und Fühlen sind Bausteine einer solchen Fortbildung. Als Siegersystem-Trainer hat man nicht nur die Sicherheit, das Siegersystem-Konzept selbst verinnerlicht zu haben, sondern die Möglichkeit, dieses Wissen inkl. Coachings und Trainings weiter zu geben.

Wer Interesse hat, eine Fortbildung zum Siegersystem-Trainer zu buchen, besuche bitte die Seite siegersystem.de (oder über den Umweg omniavision.de) und nutze das Kontaktformular.

7.11. Der Weg ist das Ziel

Sie kennen bestimmt den Satz:

- Der Weg ist das Ziel.

Dies gilt auch für das Siegersystem-Konzept, es ist noch kein Meister vom Himmel gefallen. Aber nur wer den ersten Schritt macht, kann das Ziel erreichen. Darum wünsche ich Ihnen von Herzen:

- Erkennen Sie Ihren Weg, wagen Sie den ersten Schritt und verfolgen Sie unbeirrt Ihrer Berufung, ein Glücks- und Erfolgsmagnet zu sein und vertrauen Sie dabei Ihrem Bauch, denn "Gewinnen ist Bauchsache!"

8. Epilog

Das Buch "Siegersystem: Gewinnen ist Bauchsache" zu schreiben, war mir eine Herzensangelegenheit. Nun gut, auch die Bücher "Reframingcoaching: Unterbewusstes bewusst auflösen" und die Trilogie "Omniatherapie: Gesundheit & Glück durch Verstehen & Versöhnung" habe ich geschrieben, weil ich etwas verdeutlichen und zum Ausdruck bringen wollte, um dem einen oder anderen auf einen guten Weg zu helfen. Trotzdem besitzt dieses Buch, also Band II, den Sie in der Hand halten, einen besonderen Stellenwert für mich.

Wenn man die Empfehlungen, Tipps und Hinweise des Siegersystem-Konzepts verinnerlicht und nachhaltig lebt, dann wird man, davon bin ich überzeugt, auch viel weniger Beschwerden und Krankheiten bzw. Symptome erleben, denn wenn Sie in Ihrem Denken, Fühlen und Agieren "im Fluss" sind und alles positiv und leicht "annehmen", ohne es ggfs. negativ zu bewerten, dann wird Ihnen alles im Leben viel leichter vorkommen und fallen. Es wird Ihrer Seele, davon bin ich zu 100% überzeugt, gut gehen.

Ich habe in meinem Leben wirklich unfassbares Glück, u.a. mit meiner Frau, mit meinen Kindern, mit meiner Berufung, mit meinen Freunden usw. Das größte Glück ist jedoch, dass ich dieses Glück erkennen und dafür nachdrücklich dankbar sein darf. Und glauben Sie mir, ich danke jeden Tag vielmals für alles, was mir widerfährt. Ich sage meiner Frau jeden Tag, wie hübsch sie ist und wie lieb ich sie habe. Meine Kinder können es kaum noch hören, wenn ich Ihnen erkläre, wie stolz ich auf sie bin und dass ich Sie bis zum Himmel und zurück und ein Sternchen mehr liebe. Ich bedanke mich für einen schönen Morgen, für das leckere Frühstück, für unser Auto ohne Dach, für angenehme und ehrliche Geschäftspartnerschaften, für das nette essen gehen z.B. mit Freunden, für ein Gläschen Wein am Abend, für einen schönen Tag, schlicht für alles. Und dieses Danken kommt aufrichtig aus tiefstem Herzen.

Kann man traurig, miesepetrig, frustriert, desillusioniert oder niedergeschlagen sein und auf der Verliererseite stehen, wenn man alles zustimmend annimmt, positiv reflektiert und dankbar zurückgibt? Ich halte das nicht für möglich. Ich bin stattdessen im Gegenteil davon überzeugt, dass dieses positive, ziel- und lösungsorientierte, alles annehmende und akzeptierende Siegersystem-Konzept das Leben bereichert und erleichtert und ganz automatisch zu einem Gewinn im Leben wird, so dass man selbst erkennt:

➢ Gewinnen ist Bauchsache! Und durch Ihr neues Denken werden Sie zu einem Gewinner!

Abschließen möchte ich dieses Buch mit einem Refrain-Text von einem Song eines in meinen Augen begnadeten Musikers und Songwriters, nämlich von Mark Ćwiertnia, besser bekannt unter seinem Künstlernamen Mark Forster:

> Egal was kommt, es wird gut, sowieso.
> Immer geht 'ne neue Tür auf, irgendwo.
> Auch wenn's grad nicht so läuft, wie gewohnt.
> Egal, es wird gut, sowieso.
>
> (aus dem Song "Sowieso")

Ich wünsche Ihnen aufrichtig von Herzen, dass Sie Ihren Weg finden und gehen, Ihre Möglichkeiten erkennen und alle Ihre guten Ziele erreichen.

Herzlichst Ihr
Thomas A. M. Windelschmidt

Believe
in yourself

9. Zum Autor

Thomas A. M. Windelschmidt, geboren in Berlin, aufgewachsen in Dortmund, ist ursprünglich Physiker und Ökonom Bereits während seines Studiums gründete er seine ersten Unternehmen und agierte viele Jahre international als Unternehmer und Unternehmensberater.

Nach seinen ersten Studienzeiten wurde er u.a. zum Präsidenten des Bundesverbandes der Mehrwertdienste-, Post und Telekommunikationsnutzer e.V., sowie später zum Präsidenten des Bundesverbandes für Bildung, Wissenschaft und Forschung e.V. berufen.

Neben seinen unternehmerischen Tätigkeiten nutzte er Möglichkeiten für private Studien der Psychologie (inkl. positiver Psychologie), der Psychotherapie, der systemischen Familientherapie (inkl. Familienaufstellung), des NLP und der GNM, dazu absolvierte er eine Fortbildung zum Hypnosetherapeuten.

Ein Hauptaugenmerk legte er auf sein Wirken als Reframingcoach (reframingcoaching.de), Omniatherapeut (omniatherapie.de) und Siegersystem-Trainer (siegersystem.de) und konzentriert sich heute auf seine Unterstützung als Submediator (submediation.de) und als "Der Counselor" (der-counselor.de), sowie die Weiterentwicklung der holistischen Omniavision (omniavision.de).

Thomas A. M. Windelschmidt erstellte zwei Dissertationen und schrieb bisher 15 Bücher, die z.T. auch auf Englisch publiziert wurden.

Der Autor ist mit seiner Frau Claudia seit 1993 glücklich liiert und seit 1997 in erster Ehe verheiratet. Sie sind Eltern eines Sohnes (* 1998) und einer Tochter (* 2000).

10. Bilderverzeichnis

11. Literaturverzeichnis

Bandler, Richard / Donner, Paul
Die Schatztruhe: NLP - Das neue Paradigma des Erfolgs

Bandler, Richard / Grinder, John
Reframing: Neurolinguistisches Programmieren und die Transformation von Bedeutung

Bandler, Richard / Grinder, John
Reframing: Ein ökologischer Ansatz in der Psychotherapie (NLP)

Becker, Patrick
In der Bewusstseinsfalle?: Geist und Gehirn in der Diskussion von Theologie, Philosophie und Naturwissenschaften

Bernard, Paul
Hypnose. Kommunikation mit dem Unterbewusste

Bernard, Paul
Mentaltraining und Selbsthypnose: Gesundheit und Erfolg - Sie können es lernen

Birkenbihl, Vera F. / Murphy, Joseph
Die Macht Ihres Unterbewusstes: Das große Buch innerer und äußerer Entfaltung

Blumrich, Beate
Geführte Selbsthypnose: Wenn nichts hilft, zaubere!

Boskugel, Andreas
DENKE! ANDERS: Das wohl wertvollste Buch der Welt

Donner, Paul / Bandler, Richard
Die Schatztruhe: NLP - Das neue Paradigma des Erfolgs

Esser, Stefan / Riedel, Wolf
Angst darfst du haben - fürchten musst du dich nicht: Wie Hypnose mir geholfen hat, das Unmögliche zu schaffen

Erickson, H. / Rossi, Ernest L.
Die Veränderung sensorischer, perzeptueller und psychophysiologischer Prozesse durch Hypnose

Erickson, H. / Rossi, Ernest L.
Gesammelte Schriften von Milton H. Erickson: Gesammelte Schriften, 6 Bde., Bd.4

Freitag, Erhard F.
Kraftzentrale Unterbewusstsein; Hilfe aus dem Unbewussten

Grinder, John / Bandler, Richard
Reframing: Neurolinguistisches Programmieren und die Transformation von Bedeutung

Lang, Stephan
Nutze die Kraft der Matrix und handle JETZT: Warum genau jetzt der richtige Zeitpunkt ist grundlos glücklich, erfolgreich und gesund zu sein

Lauterbach, Anna
NLP - Verhaltensmuster ändern: NLP Reframing (Umgestalten) in Hypnose

Meinhold, Werner J.
Das große Handbuch der Hypnose - Theorie und Praxis der Fremd- und Selbsthypnose

Meyer, Wali Ali / Hyde, Bilal / Muqaddam, Faisal / Khan, Shabba
Medizin des Herzens: 99 Heilungswege der Sufis

Murphy, Joseph / Birkenbihl, Vera F.
Die Macht Ihres Unterbewusstes: Das große Buch innerer und äußerer Entfaltung

Murphy, Joseph
Die Macht Ihres Unterbewusstes: Das Original

Oetliker, Markus
Das Eisberg Syndrom - Die Macht des Unterbewusstes

Palacios, Gabriel
Hypnotisiere mich: Wenn Gedanken dein Leben schaffen

Panholzer, Thomas Niklas
Hypnotische Phantasiereisen: Auf den Pfaden des Unterbewusstes zu tiefer Entspannung und Selbsterkenntnis. Mit Audio-CD

Roth, Gerhard / Dijksterhuis, Ap
Das kluge Unbewusste: Denken mit Gefühl und

Sadtler, Rainer
Die Strategie der Erfolgreichen: Der sichere Weg, Probleme zu lösen und Ziele zu verwirklichen (Berichte aus der Psychologie)

Springer, Kathrin Emely
Der Schlüssel zum Unterbewusste. Aktiviere deinen verborgenen Schatz!

Strickerschmidt, Hildegard
Hildegard von Bingen Heilung an Leib und Seele: Praktische Ratschläge zur positiven Lebensgestaltung

Tepperwein, Kurt
Sich selbst erkennen. Erfolgstraining für Ihr Unterbewußtsein

12. Index

Empfehlungen des Verlags

Thomas A. M. Windelschmidt

Das wichtigste Wort zum gesund & glücklich sein: Danke!

Mit Vorworten von Claudia Appel und Richard Neubersch

Das "Danke" ist nach Einschätzung des Autors das wichtigste Wort zum gesund und glücklich sein. Diese Aussage begründet der Autor nachvollziehbar im vorliegenden Buch.

Das Unterbewusste (Unterbewusstsein) steuert nicht nur das vegetative Nervensystem und fast alle Körperfunktionen, sondern es greift massiv in das Denken, Fühlen und Erleben des Menschen ein. Das Bewusstsein ist mit der Spitze eines Eisbergs vergleichbar, auch wenn man als Mensch „glaubt", alles mit dem Ego „im Griff zu haben". Wenn man weiß, wie man das Unterbewusste zielorientiert positiv beeinflussen kann, ist es möglich, das eigene Erleben, also sein Schicksal, unter einem neuen Blickwinkel zu sehen und das Leben als Geschenk anzunehmen. Warum hierfür das Wort „Danke" ein zentraler Baustein ist und wie man seinen eigenen Weg in eine positive Lebenseinstellung finden kann, erläutert der Autor in diesem MUTMACHBUCH.

Weitere Infos: seelencoaching.de und omniavision.de

ISBN Hardcover	978-3-96565-000-8	€ 24,99
ISBN Paperback	978-3-96565-001-5	€ 17,99
ISBN Epub	978-3-96565-002-2	€ 14,99
ISBN Mobi	978-3-96565-003-9	€ 14,99

Thomas A. M. Windelschmidt

Die Wahrheit über Ihre innere Macht: SUM ERGO CREO

Halten Sie es für möglich, dass man als Mensch schöpferisch tätig ist, egal ob man es weiß oder nicht? Oder ist für Sie der "Stand der Wissenschaft" in Stein gemeißelt und das heutige Wissen "unantastbar"? Man sollte sich in jedem Fall klarmachen, dass das, was die "offizielle" Wissenschaft sagt, bereits seit der Antike einem stetigen Wandel unterzogen war. Das, was zu Zeiten von Sokrates und Plato Stand der Wissenschaft war, galt nur eine bestimmte Zeit, genauso wie das "Wissen" der Physiker und Mediziner z.B. zu Beginn des 20. Jahrhunderts. Auch das, was heute zu Beginn des 21. Jahrhunderts als "Wissen" proklamiert wird, wird in weniger als 100 Jahren "neuem Wissen" gewichen sein. Und genau darum hält es der Autor mit Sokrates, der sagte: "Ich weiß, dass ich nicht weiß!"

Eventuell wird die Vorstellung des Autors "SUM ERGO CREO = Ich bin, also erschaffe ich" irgendwann überholt sein, aber Stand heute ist der Autor davon überzeugt, dass es sich für Sie lohnen kann, diese Idee auf den Prüfstand zu stellen.

Weitere Infos: sum-ergo-creo.de und omniavision.de

ISBN Hardcover	978-3-96565-004-6	€ 24,99
ISBN Paperback	978-3-96565-005-3	€ 17,99
ISBN Epub	978-3-96565-006-0	€ 14,99
ISBN Mobi	978-3-96565-007-7	€ 14,99

Thomas A. M. Windelschmidt
Claudia Appel

Reframingcoaching
Unterbewusstes bewusst auflösen

Mit einem Vorwort von
Andreas Winter

Leiden Sie unter Krankheiten, Erfolgsblockaden oder "falschen" Glaubenssätzen? Sind Sie auf der Suche nach sich selbst, Ihrer Persönlichkeit, Ihrer Berufung, Ihrem Lebenssinn? Erleben Sie immer die gleichen (meist als unangenehm empfundenen) Situationen? Machen Sie fortwährend ähnliche negative Erfahrungen in Ihrer Partnerschaft, im Beruf, im Freundeskreis, ohne zu wissen, warum Sie evtl. immer die gleichen Fehler machen und sich ungewollte Erfahrungen (z.B. Geldverlust, Geldmangel, falsche Freunde) wiederholen? Mit dem Reframingcoaching können Sie eine Herangehensweise kennenlernen, mit der es möglich ist, im Unterbewusstsein verankerte Strukturen, die zu Symptomen, Krankheiten und immer gleichen Erfahrungen führen können, zu erkennen und aufzulösen. Es darf Sie nicht überraschen, wenn sich Ihr Leben sehr stark ändert und Ihnen neue Türen offenstehen.

Weitere Infos: reframingcoaching.de und omniavision.de

ISBN Hardcover	978-3-96565-008-4	€ 29,99
ISBN Paperback	978-3-96565-009-1	€ 21,99
ISBN Epub	978-3-96565-010-7	€ 17,99
ISBN Mobi	978-3-96565-011-4	€ 17,99

Thomas A. M. Windelschmidt

Omniatherapie
Gesundheit & Glück durch
Verstehen & Versöhnung Bd. I

Mit einem Vorwort von
Vera Brandes und Dieter Broers

Das Reframingcoaching konnte vielen Menschen helfen, Dinge aufzulösen, die im Hier und Jetzt belastend waren und zu Konsequenzen (Symptomen) geführt haben. Im Laufe der Zeit haben komplexere „Herausforderungen" dazu geführt, dass eine Ergänzung des Konzepts zielführend war. Wenn z.B. eine Frau nicht schwanger wird, kann man überlegen, dass psychische Blockaden eine Rolle spielen. Und wenn z.B. ein Missbrauch in der Familie vorliegt, dann verlangt dies nach Erfahrung des Autors zu einer Analyse der Familienkonstellation und einer liebevollen Auflösung der belastenden Energien.

Band I: Medizinische Historie, physische und psychische Heilansätze, physikalische und biologische Hintergründe, Betrachtung von Gesundheit, Krankheit und Symptomen, die Trinität von Körper, Geist und Seele, die Psyche, Bewusstsein und Unterbewusstes, sowie Traumata.

Weitere Infos: omniatherapie.de und omniavision.de

ISBN Hardcover	978-3-96565-012-1	€ 24,99
ISBN Paperback	978-3-96565-013-8	€ 17,99
ISBN Epub	978-3-96565-014-5	€ 14,99
ISBN Mobi	978-3-96565-015-2	€ 14,99

Thomas A. M. Windelschmidt

Omniatherapie
Gesundheit & Glück durch
Verstehen & Versöhnung Bd. II

In drei Bänden finden Sie eine Herleitung des Konzepts der Omniatherapie. Dem Autor ist es wichtig, dass er die Herangehensweise und die Entwicklung seiner Vorgehensweise dezidiert herleitet und erläutert, damit die Omniatherapie für Sie „greifbar" wird.

Band II: Was sind Denken, Fühlen, Glauben und Vertrauen, Angst und das Gegenteil von Angst, Schuld und Verantwortung, Trauer und die große Traurigkeit, Glaubenssätze und das Gesetz der Resonanz, Wünsche, Zufriedenheit und Glück, Liebe, Vertrauen und Vergebung, sowie Schlaf und Träume.

Weitere Infos: www.omniatherapie.de und omniavision.de

ISBN Hardcover	978-3-96565-016-9	€ 24,99
ISBN Paperback	978-3-96565-017-6	€ 17,99
ISBN Epub	978-3-96565-018-3	€ 14,99
ISBN Mobi	978-3-96565-019-0	€ 14,99

Thomas A. M. Windelschmidt

Omniatherapie
Gesundheit & Glück durch
Verstehen & Versöhnung Bd. III

In drei Bänden finden Sie eine Herleitung des Konzepts der Omniatherapie. Dem Autor ist es wichtig, dass er die Herangehensweise und die Entwicklung seiner Vorgehensweise dezidiert herleitet und erläutert, damit die Omniatherapie für Sie „greifbar" wird.

Band III: Religion, Glaube und Vertrauen, Leben und Tod, Karma, Beten, systemische Hintergründe, Affirmationen und Suggestionen, Hypnose und Trance, Reframing in der Omniatherapie, Voraussetzungen, die 30 Stufen der Omniatherapie, technische Hilfsmittel und Anwendungsgebiete

Weitere Infos: omniatherapie.de und omniavision.de

ISBN Hardcover	978-3-99072-020-2	€ 24,99
ISBN Paperback	978-3-96565-021-3	€ 17,99
ISBN Epub	978-3-99072-022-6	€ 14,99
ISBN Mobi	978-3-99072-023-3	€ 14,99

Thomas A. M. Windelschmidt

Siegersystem
Gewinnen ist Bauchsache
Bd I: Theoretische Hintergründe

Mit Vorworten von Andreas Lorenz und Thorsten Schulte

Können Sie sich vorstellen, dass Sie – wie man es so oft hört – Ihres Glückes Schmied sind und zu 100% verantwortlich für alles, was in Ihrem Leben passiert?

Der Nachteil dieser „Erkenntnis" ist, dass Sie sich nie wieder als Opfer darstellen „dürfen/können", z.B. um Mitgefühl oder sogar Mitleid zu „erhaschen". Der große Vorteil dieses „Wissens" ist allerdings, dass Sie sich der „Herrschaft über Ihr Leben" bewusst sind, alles zielgerichtet beeinflussen können und die Freiheit haben, Ihre Vorstellungen zu manifestieren. Das Siegersystem-Konzept ist eine Lebenseinstellung. Im Fokus steht, sich selbst als Gewinner zu sehen und zu fühlen, das eigene Leben als Gewinn anzusehen und als Geschenk anzunehmen, indem man die positiven und schönen Aspekte in den Mittelpunkt des eigenen Denkens und Fühlens rückt. Und zwar immer, ganz unabhängig von bisher als negativ angesehenen Begleiterscheinungen.

Weitere Infos: siegersystem.de und omniavision.de

ISBN Hardcover	978-3-96565-024-4	€ 24,99
ISBN Paperback	978-3-96565-025-1	€ 17,99
ISBN Epub	978-3-96565-026-8	€ 14,99
ISBN Mobi	978-3-96565-027-5	€ 14,99

Thomas A. M. Windelschmidt

Siegersystem
Gewinnen ist Bauchsache
Bd II: Anwendung & Umsetzung

Während in Band I zum Siegersystem einige theoretische Hintergründe erläutert wurden, erfährt der Leser in Band II, wie die 66 Schritte des Siegersystems aussehen und welche technischen Hilfsmittel eingesetzt werden können, um den "eigenen" Weg zu finden und zu gehen. Konkrete Tipps und Empfehlungen helfen dem Leser, nicht nur den ersten Schritt zu unternehmen, sondern sich sukzessive seiner "eigenen Meisterschaft" anzunähern.

Denn denken Sie immer daran: Sie sind Ihres Glückes Schmied, Sie sind "Chef" Ihres Lebens, Sie ganz allein können für sich entscheiden, zu den "Gewinnern" zu gehören und Ihr Leben als Geschenk zu erkennen und anzunehmen. Jetzt in diesem Moment, in welchem Sie diese Zeilen lesen, haben Sie die Chance, Ihre Lebenskarten neu zu mischen und ab sofort das Leben zu führen, das Sie schon immer führen wollten. Sie ganz allein sind verantwortlich für Ihr Leben.

Weitere Infos: siegersystem.de und omniavision.de

ISBN Hardcover	978-3-96565-028-2	€ 24,99
ISBN Paperback	978-3-96565-029-9	€ 17,99
ISBN Epub	978-3-96565-030-5	€ 14,99
ISBN Mobi	978-3-96565-031-2	€ 14,99

Thomas A. M. Windelschmidt

"Der Counselor"
Programmierung des Unterbewussten zur positiven Zielorientierung Bd. I

Mit Vorworten von Martin Limbeck und Markus Euler

Ihr wirkliches Ziel mit Ihnen zu erreichen, ist die "Der Counselor"-Aufgabe! Mit der Klärung von drei Anfangsfragen ist es leichter, den richtigen Weg zu Ihrem Ziel, z.B. zum gewünschten Erfolg, zu finden und zu gehen.

- Was ist Ihre Motivation? Was ist Ihr Warum?
- Was wollen Sie wirklich-wirklich-wirklich?
- Was ist Ihre Bestimmung bzw. Ihre Lebensaufgabe?

"Der Counselor" versteht sich als Ihr Werkzeug, um unterbewusste Blockaden aufzulösen und „falsche“ Glaubenssätze, die oftmals in der Kindheit „angelegt“ wurden, auszuräumen und mit zielführenden Glaubenssätzen zu substituieren. Das Ziel ist es, Ihre unbewusste (intrinsische) Motivation herauszufinden und Ihr maximales Leistungsvermögen, egal ob im Sport oder im Beruf, hervorzurufen und Ihren Weg zu Ihrem persönlichen Erfolg zu beschleunigen und zu optimieren.

Weitere Infos: der-counselor.de und omniavision.de

ISBN Hardcover	978-3-96565-032-9	€ 24,99
ISBN Paperback	978-3-96565-033-6	€ 17,99
ISBN Epub	978-3-96565-034-3	€ 14,99
ISBN Mobi	978-3-96565-035-0	€ 14,99

Thomas A. M. Windelschmidt

Submediation
Konflikte "über" das
Unterbewusste lösen

Mit einem Vorwort von
Hans-Joachim Pohlmann

Unter Mediation versteht man eine Vermittlung zwischen Parteien mit Hilfe eines Mediators, um Meinungsverschiedenheiten, Streitigkeiten oder Konflikte zu lösen. Eine "übliche" Mediation versucht auf der Verstandesebene (Ratio) zu einer Win-Win-Lösung zu kommen. Demgegenüber strebt die Submediation (Subconscious-Mediation) eine grundsätzliche Lösung über das Unterbewusste der Beteiligten an, d.h. es werden auf der Ebene des Unterbewussten die wahren, verborgenen Hintergründe von Dissonanzen und Problemen gesucht und analysiert, um sie gemeinsam mit der jeweiligen Person zu erkennen, zu verstehen und aufzulösen. Der herausragende Vorteil der Submediation liegt darin, dass man nicht versucht, durch „noch akzeptable" Kompromisse eine „Muss"-Einigung zu erreichen, sondern dass man über das „Dürfen" zu einem „Wollen" findet, d.h. das Unterbewusste (emotionale Muster, Blockaden, Glaubenssätze) steht nicht mehr im Weg.

Weitere Infos: submediation.de und omniavision.de

ISBN Hardcover	978-3-96565-040-4	€ 29,99
ISBN Paperback	978-3-96565-041-1	€ 21,99
ISBN Epub	978-3-96565-042-8	€ 17,99
ISBN Mobi	978-3-96565-043-5	€ 17,99

Thomas A. M. Windelschmidt

Wörterbuch 1: A-J

Dieses Wörterbuch enthält Inhalte aus Fachbüchern und dem Internet zur Erläuterung von Begriffen aus den Bereichen Medizin, Psychologie, Physik, Medizin und Biologie u.a. in folgenden Büchern

- ✓ Das wichtigste Wort zum gesund & glücklich sein: Danke!
- ✓ Die Wahrheit über Ihre innere Macht: SUM ERGO CREO
- ✓ Reframingcoaching: Unterbewusstes bewusst auflösen
- ✓ Omniatherapie: Gesundheit & Glück durch Verstehen & Versöhnung
- ✓ Siegersystem: Gewinnen ist Bauchsache
- ✓ "Der Counselor": Programmierung des Unterbewussten zur positiven Zielorientierung
- ✓ Submediation: Konflikte „über" das Unterbewusste lösen

Das Buch wird vom Autor subventioniert und als pdf-Download sogar kostenlos angeboten., siehe omniatherapie.de und omniavision.de.

Weitere Infos::omniatherapie.de und omniavision.de

ISBN Hardcover	978-3-96565-044-2	€ 15,99
ISBN Paperback	978-3-96565-045-9	€ 9,99
ISBN Epub	978-3-96565-046-6	€ 4,99
ISBN Mobi	978-3-96565-047-3	€ 4,99

Thomas A. M. Windelschmidt

Wörterbuch 2: K-P

Dieses Wörterbuch enthält Inhalte aus Fachbüchern und dem Internet zur Erläuterung von Begriffen aus den Bereichen Medizin, Psychologie, Physik, Medizin und Biologie u.a. in folgenden Büchern

- ✓ Das wichtigste Wort zum gesund & glücklich sein: Danke!
- ✓ Die Wahrheit über Ihre innere Macht: SUM ERGO CREO
- ✓ Reframingcoaching: Unterbewusstes bewusst auflösen
- ✓ Omniatherapie: Gesundheit & Glück durch Verstehen & Versöhnung
- ✓ Siegersystem: Gewinnen ist Bauchsache
- ✓ "Der Counselor": Programmierung des Unterbewussten zur positiven Zielorientierung
- ✓ Submediation: Konflikte „über" das Unterbewusste lösen

Das Buch wird vom Autor subventioniert und als pdf-Download sogar kostenlos angeboten., siehe omniatherapie.de und omniavision.de.

Weitere Infos::omniatherapie.de und omniavision.de

ISBN Hardcover	978-3-96565-048-0	€ 15,99
ISBN Paperback	978-3-96565-049-7	€ 9,99
ISBN Epub	978-3-96565-050-3	€ 4,99
ISBN Mobi	978-3-96565-051-0	€ 4,99

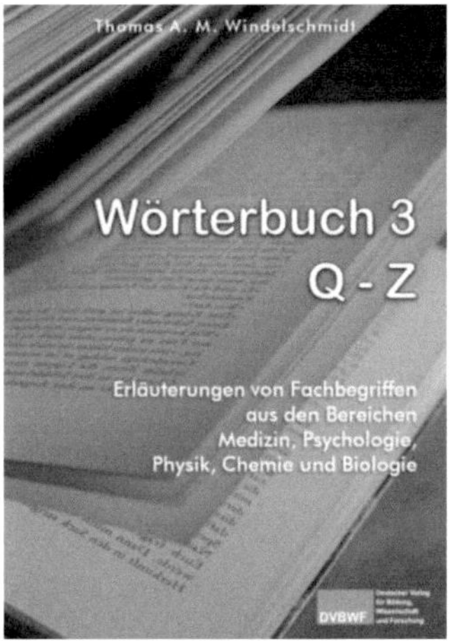

Thomas A. M. Windelschmidt

Wörterbuch 3: Q-Z

Dieses Wörterbuch enthält Inhalte aus Fachbüchern und dem Internet zur Erläuterung von Begriffen aus den Bereichen Medizin, Psychologie, Physik, Medizin und Biologie u.a. in folgenden Büchern

- ✓ Reframingcoaching: Unterbewusstes bewusst auflösen
- ✓ Omniatherapie: Gesundheit & Glück durch Verstehen & Versöhnung
- ✓ Siegersystem: Gewinnen ist Bauchsache
- ✓ Programmierung des Unterbewussten zur positiven Zielorientierung
- ✓ Das wichtigste Wort zum gesund & glücklich sein: Danke!
- ✓ Submediation: Konflikte „über" das Unterbewusste lösen
- ✓ Die Wahrheit über Ihre innere Macht: SUM ERGO CREO

Das Buch wird vom Autor subventioniert und als pdf-Download sogar kostenlos angeboten., siehe omniatherapie.de und omniavision.de.

Weitere Infos::omniatherapie.de und omniavision.de

ISBN Hardcover	978-3-96565-052-7	€ 15,99
ISBN Paperback	978-3-96565-053-4	€ 9,99
ISBN Epub	978-3-96565-054-1	€ 4,99
ISBN Mobi	978-3-96565-055-8	€ 4,99

Thomas A. M. Windelschmidt

MONEY: History, Beliefs, Facts and Solutions

With forwords by
Andreas Popp, Helmut Creutz
and Prof. Dr. Hans J. Bocker

Everyone believes to know what "this" is. Almost everyone thinks they know how the money system works. And some are even sure they know how the financial and economic system is structured, who controls it and how is value can be influenced. But is it really so?

Why are there so many economic crises? Why is the gap between rich and poor widening? Why are there a few families that control 80% of the world's available capital and so many people living on or below the poverty line? And why must more and more be produced just to pay off past debts? What explains why countries established their own currency?

With this book, the author sheds light on complicated facts and puts them into simple terms. With all the flaws in the current money system and the fundamental errors and mistakes that were made when it was construed, it is of essential importance to comprehend why it cannot be sustained in the current status quo.

ISBN Hardcover	978-3-96565-060-2	€ 29,99
ISBN Paperback	978-3-96565-061-9	€ 21,99
ISBN Epub	978-3-96565-062-6	€ 17,99
ISBN Mobi	978-3-96565-063-3	€ 17,99

Thomas A. M. Windelschmidt

Innovative ways forward on the German financial market

Financial markets are in a state of upheaval. The "old school" mechanisms which have worked in the past decades, have become obsolete in today's economic reality. The past strategies have to be reconsidered and replaced by new concepts and understandings. The conditions of life on earth have changed dramatically, the political and economic arenas are not the same any longer the enormously technical developments have contributed to this development. The globalization of communication triggered by Internet and smartphone technologies, social networks and artificial intelligence require a rethink. Market transparency is no longer fiction - portals like check24 are enabling consumers to become professional buying experts furthering developments of new fee-based advice services. Shedding a bright light onto the problems of the existing monetary and financial system, the author presents a layout for alternative solutions. A precious read for the times ahead.

Nur auf Anfrage direkt beim Autor für € 149,-- erhältlich.

Thomas A. M. Windelschmidt

Space Commercialization

Since Jules Verne published his novel "De la Terre à la Lune" in 1965, people are dreaming of entering space. Yuri Alexeyevich Gagarin was the first man in orbit on 12 April 1961 - according to official statements - and Neil Alden Armstrong is said to have been the first person to set foot on the moon on July 21, 1969. Since then, technical development has brought rapid progress. Rumors are spreading about secret technologies enabling man to even visit Mars. Space travelling fueled the genre of science fiction films and has since been the dream of many. Plans exist to make them come true and to enable earthlings to morph into real world space explorers. The commercialization of space is no longer a future vision, but an up and coming industry with non-fictious potentials. In addition to the US American NASA and the European ESA, other countries and private companies are pursuing ambitious goals. Creating a legal base for these adventurous endeavours was a mandatory step, resulting into agreements like the Moon Treaty. In this book, the author presents the historicalprocess, delivers explanations in regards to the status quo and dares to look into the future. Let yourself be carried away into a time that can offer a lot of excitement and let your imagination run wild. The future is just around the corner.

Nur auf Anfrage direkt beim Autor für € 149,-- erhältlich.